赚钱 MAKE MONEY

张启峰◎著

SPM
南方出版传媒
广东经济出版社
·广州·

图书在版编目（CIP）数据

赚钱 / 张启峰著. —广州：广东经济出版社，2016.10

ISBN 978-7-5454-4806-1

Ⅰ. ①赚…　Ⅱ. ①张…　Ⅲ. ①商业模式—案例—中国　Ⅳ. ①F72

中国版本图书馆CIP数据核字（2016）第209494号

出版发行	广东经济出版社（广州市环市东路水荫路11号11~12楼）
经销	全国新华书店
印刷	北京盛兰兄弟印刷装订有限公司（北京市大兴区黄鹅路西临89号）
开本	787mm×1092mm　1/16
印张	17
字数	150 000
版次	2016年10月第1版
印次	2016年10月第1次
书号	ISBN 978-7-5454-4806-1
定价	58.00元

如发现印装质量问题，影响阅读，请与承印厂联系调换。

广东经济出版社常年法律顾问：何剑桥律师

PART 1
价值创新

价值创新的重点在于“价值”与“创新”两方面。一般来说，企业在进行价值创新时，会把视线从供给转向需求，从关注超越竞争对手转向为买方提供价值，通过跨越现有竞争边界寻求新市场，以及将不同市场的买方价值元素进行筛选和重新排序，开启巨大的潜在需求，从而摆脱已知市场的血腥竞争，开创新的市场空间。

PART 2
客户体验

客户体验，就是用户使用商品后的最直接的感受，也叫作用户体验。一般来说，客户体验包括操作习惯、使用后的心理想法等。客户体验是每个公司都在不断完善的任务，也是每一个公司都应该重视的一种理念。

PART 3
圈层营销

圈层营销，作为一个营销术语的概念已经在地产行业流行一段时间了，基本操作原则就是“高端化、小众化”，类似于文本营销、活动营销，例如定期举办高尔夫比赛、品质鉴赏酒会、网球比赛之类的活动。深圳的“星河丹堤”地产项目，圈层定位为“CEO官邸”，因此这个项目取得了非常大的成功。

PART 4
信息网络

近几年，信息网络快速发展，各种电子商务模式层出不穷，尤其是新创企业，总希冀能在企业发展中插上互联网的翅膀，借此拥有更多的用户数据，用以做入口、做路径……研究如何赚钱，离不开互联网这个话题和模式。

PART 5
分享经济

分享经济的渊源及演进可以追溯到二十世纪七八十年代。当时，全球的资源逐渐枯竭，世界各国开始重视可持续发展性；金融危机造成全球范围内的经济不确定，居民就业与可支配收入压力大；物质和产能过剩、过度消费导致了资源闲置；移动互联网和物联网的快速发展；环境友好和信任社会的共性追求……这些背景都是孕育分享经济模式的土壤。

PART 6
其他模式

企业在发展过程中，一定要找到适合自己发展的盈利模式而非商业模式。商业模式不是赚钱模式，其包含了产品模式、用户模式、推广模式及收入模式，而盈利模式则不同，其目的就是为了赚钱。所以，企业在发展时要确定能够给用户提供一个什么样的产品、给用户创造什么样的价值，在创造用户价值的过程中，实现产品的商业价值。

引言

一切不以盈利为目的公司行为都是耍流氓！这并不是空话。即使是各类公益基金组织，如果希望其善心善举能够得以持续，依然需要通过盈利让该项事业能够持续运营与推广！这是每个企业、每个组织都需要直面的问题。

如何盈利？通俗讲就是“赚钱”二字。

赚钱并非埋头苦干。

选择大于行动，也就是经过系统思考与设计后再强化执行，才能让一切水到渠成。否则，路线错了，一切就都错了。

李克强总理曾提到“大众创业、万众创新”。那么如何创业，如何通过创业赚钱呢？

本书没有过多的题外话，内容直入主题，讲述了6种赚钱模式，通过20个案例分析、阐述了20个核心盈利点。

在我们全力以赴进行创业时，请先拿起这本书仔细研究，一定会让你更加明白应该采用什么样的方式去赚钱。

这就是此书的立意所在。

MAKE
MONEY

赚钱

PART 1
价值创新

太二酸菜鱼

roseonly

外婆家

爱空间

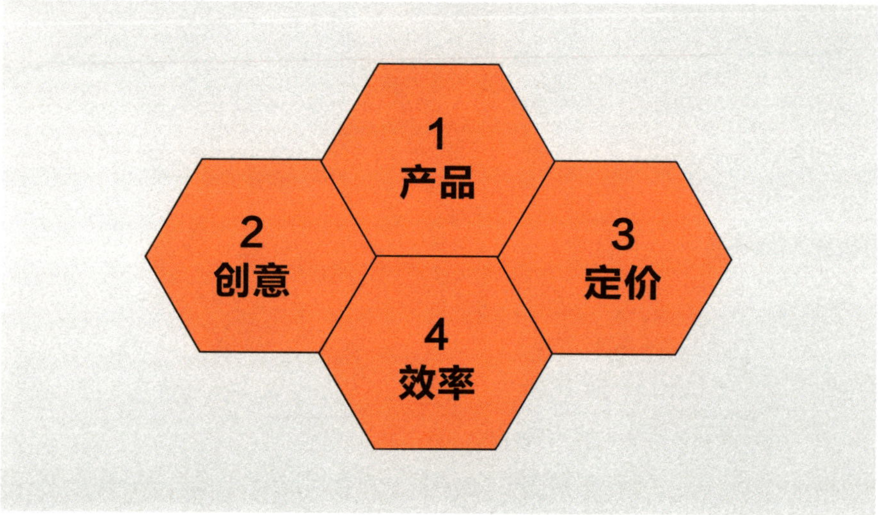
1
产品
2
创意
3
定价
4
效率

价值创新不是对产品的简单改进，而是对企业的经营系统、经营模式进行改变，是现代企业竞争的一个新理念。企业在进行价值创新时，不应该着眼于市场竞争，而应该力图使客户和企业的价值都出现飞跃，它不是单纯提高产品的技术竞争力，而是通过为顾客创造更多的价值来争取顾客，从而开辟一个全新的、非竞争性的市场空间。

现代企业管理，市场竞争手段不断变化，技术固然是一个十分重要的途径，但是向价值领域里扩展是当今的趋势。价值创新的重点在于“价值”与“创新”两方面，一般来说，企业在进行价值创新时，会把视线从供给转向需求，从关注超越竞争对手转向为买方提供价值，通过跨越现有竞争边界寻求新市场、将不同市场的买方价值元素进行筛选和重新排序，开启巨大的潜在需求，从而摆脱已知市场的血腥竞争，开创新的市场空间。通过增加和创造现有产业未提供的某些元素，剔除和减少产业现有的某些价值元素，企业就有可能同时实现差异化和低成本，即以较低的成本为买方提供价值上的突破。

太二酸菜鱼：

匠人的极致，产品的创新

都说爱吃鱼的人聪明，我也喜欢一切跟鱼相关的故事。

先以一条鱼的案例作为研究赚钱模式的开局。无论是什么类型的企业，只有做好产品，用匠人的极致做法打造产品，才能够为客户及企业自身带来无可估量的价值。

请回想，当你想吃鱼的时候，你脑海里会联想到那些画面：吃什么鱼？有刺的草鱼？少刺的鲇鱼？有营养的鲈鱼？

吃什么口味的鱼？糖醋？酸菜？水煮？油炸？

在哪里吃鱼？饭店点单？回家自己做？

几个人吃鱼？自己？两个人？一群好友相约？……

如果突然有个声音告诉你有这么一家特别牛气的鱼店：

专做老坛子酸菜鲈鱼

老板任性到每天只卖 100 条鱼

超过 4 人就餐不接待

年销售近千万……

你想去看看吗？

这就是太二酸菜鱼（以下简称“太二”）店。

太二酸菜鱼店是一家主打老坛子酸菜鱼和板凳小面的餐厅，也是广州市麦点九毛九餐饮管理有限公司旗下的又一新作。

太二酸菜鱼目前已开设6家门店，分布在广州（5家）、海口（1家）。仅靠做好一条鱼，就能获得千万元收益，太二创造了餐饮界有口皆碑的奇迹。

下图就是太二酸菜鱼店的招牌菜——老坛子酸菜鱼。

好大一个盆，里面放着菊花瓣，很像一个花盆，土豪！

品尝的时候，鱼滑嫩够味，酸菜酸爽够辣，美味！

吃着酸辣鱼，品着菊花，喝着柠檬水，清火！

在分析太二的赚钱模式前，我先讲述几个有关它的段子。

太二的起源

它起初就是一家不起眼的街边小店，店里的老师傅只懂做鱼不懂经营，一心钻研产品，而忽略了店其实没有门，也没有店名。但即便这样，老师傅的店却被口口相传，依然每天都食客爆满。

客人因此常笑老师傅“太二”，老师傅也觉得自己“太二”，便干脆将店取名为“太二”。

太二的传说

据说，老师傅在选择食材方面非常严格，当天若没有合格的食材，就干脆关门不营业，因此小店和老师傅一样，都赢得了“太二”的名头。

太二的故事

“卖光了……又卖光了……”太二酸菜鱼门前屡屡能够传来“骂声”，但其门前每天仍有很多粉丝甘心排队等待。

太二为何会如此受欢迎？那么多人愿意苦等一定是有原因的。

专注

坚持做好经典餐品——老坛子酸菜鱼。

想要做好地道美味的老坛子酸菜鱼，关键就是鱼和酸菜等食材的选用与制作。

对于鱼，太二坚持鱼肉“二”重严选标准：首先，一定要选用鲈鱼，营养价值丰富并且口感极佳，据说太二选用的每一条鲈鱼大概是 1~1.3 斤左右。其次，就是鱼肉，鱼肉采用手打的鲈鱼片，据说厚度精准至 0.2 厘米，长度在 7 厘米左右，以确保肉质弹韧爽滑。

对于酸菜，太二也制定了严选标准：酸菜一定要腌足 35 天时间，并且还原重庆当地地窖的特征，更选用天然的好泉水制作盐水，这样制成的酸菜才会口感脆爽、酸味达标，且带有乳酸味。

“二”的文化传承

太二有其“二”的起源，有其“二”的故事，“二”的文化理所当然要继续发扬光大，做到文化传承。

第一，是每日“100条”限量供应的“无厘头”广告。即鲈鱼每天供应的数量有限，店里每天只卖100条鱼，中午50条，晚上50条，售完即止。并且说到做到。

第二，是超“二”的接客标准：

1. 超过 4 人就餐不接待；

2. 对店小二不礼貌的不接待；

3. 脾气比店长还拽的不接待；

4. 老坛子酸菜鱼不打包、不外卖；

5. 拿走充电线不还的不接待。

第三，店里不收现金，只接受微信付款或者刷卡。坐到指定的位置上后，服务员就要求顾客拿手机扫二维码，用微信扫桌上的二维码自行点菜。

第四，各种活动请自便。进店客人一坐下服务员就会提醒他，

每桌附近都有一个可以充电的线和位置，请顾客自便。店里没有茶，冷水、热水、柠檬均免费，可任加，但需要自取。

第五，店内贴满了各种够“二”的标语，让顾客自行欣赏，没来由地给顾客一种“拽”“高调”“高逼格”之感。

打通产业链

经常没有鱼卖的酸菜鱼品牌，2016 年硬要开 20 家店，怎么办？……那就自己养鲈鱼！

于是乎太二决定：2016年面向珠江三角洲寻找生态水库，自己养鲈鱼。并提出无污染的绿色水库标准：气候、水温等自然条件优越，适合养鲈鱼。更要求水库面积足够大，以保证未来数十家门店的鲈鱼供应。

于是，太二发布了各类寻鱼启示，消费者可以向太二提供鱼库的线索，如果鱼库被采用，太二承诺提供者可以享受一年免费吃鱼的待遇。消费者更可以毛遂自荐成为太二的供应商，所以，“鱼粉”们采用众筹的模式开发新水库养鲈鱼，成为太二鲈鱼的独家供应商。

一时间，“鱼粉”们在线上频繁互动，让太二更受追捧。

此后，太二更是提出了“太二傻瓜联盟”行动，目前已经与另思组设计工作室、谷云室内设计、C+D服装设计工作室、龙米和江餐具等企业强强联

合，并陆续开放品牌合作，旨在聚集一群志同道合的伙伴，有机会一起做“全宇宙第二好吃的酸菜鱼”。

这就是太二酸菜鱼，仅仅凭借一条鱼、凭借做好这一条鱼，就受到年轻消费者的万千宠爱和追捧。

太二长期以来坚持依靠产品，坚持保证产品品质，坚持精品路线，可谓将精雕细琢、精益求精的匠人精神发挥得淋漓尽致。

这也正是太二的成功秘籍！

如果想吃鱼，你会想到太二吗？

总结与回顾

太二酸菜鱼

匠人的极致

1. 专注
2. “二”的文化传承
3. 打通产业链

roseonly：

创意无极限，品牌的增值

在开始这个案例之前，我先问一问各位男士：

你送过花吗？

你送过多少次花？

你都是在什么情况下送花？

你送的通常是什么花？

……

心里默念就好，不必与我分享答案。

但假如，你一生只能送一个人花，那么，那个收花的主人你确定了吗？

你会不会想想再送？

……

现在，有这样一家鲜花店，客户通过官网订购电话或合作的旗舰网店下订单后，用户留下自己的详细地址、用户姓名以及所需递送人的姓名。当信息录入数据库后，送花人的信息即与收花人的姓名绑

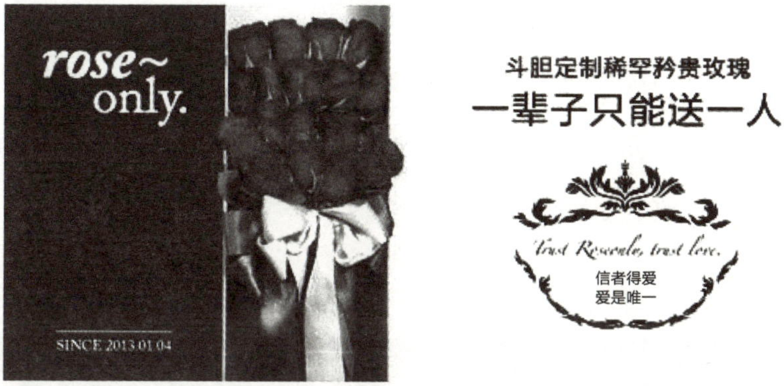

定，一经注册，不可更改，并且针对此用户的订单永远只会接受第一次预订要送的人的姓名。不过请消费者放心，关于送花人、收花人的隐私保密事宜，官网已经制定了一系列的隐私保密措施，最大限度地保护了客户隐私。

这就是roseonly，中国高端鲜花第一品牌，是一个将创意发挥到极致的典型案例。

roseonly专爱花店，每盒花的均价在1000元左右，定位是情侣互送的高端礼品。其限定鲜花、“一生只送一位佳人”的创意非常时髦。虽然起步较晚，但“一生只送一人”的网络高端花店项目一经提出，再利用“爱情唯一”的观念切入市场，坚持打造高端的鲜花品牌，迅速引起了女性对roseonly的购买欲望。

你可以在微博上搜“roseonly专爱花店”，会发现一个非常有意思的现象——几乎均是女孩子在幸福洋溢地晒玫瑰花。但仔细读一读就会发现，她们晒的其实不是花，而是爱情唯一的承诺——在roseonly买花，用户提交的收花人将会成为永久的收花人并不得更改，也就是一辈子只能送给一个人。

roseonly现象

在微博上搜“roseonly专爱花店”，会发现一个有意思的现象，几乎全是幸福洋溢地晒玫瑰花。

值得一提的是，roseonly专爱花店在创始之初，就屡获投资人青睐。更在第二个月就实现了盈利并俘获了近10万粉丝。运营不到一年，roseonly的销售额突破千万元，后屡屡出现单月销售额过千万元的情况。目前，roseonly已估值5亿美元，拟挂牌新三板。

我们来看看roseonly的发展轨迹。它于2013年1月4日，在一个寓意“爱你一生一世”的日子里诞生，更提出了“一生只送一人”

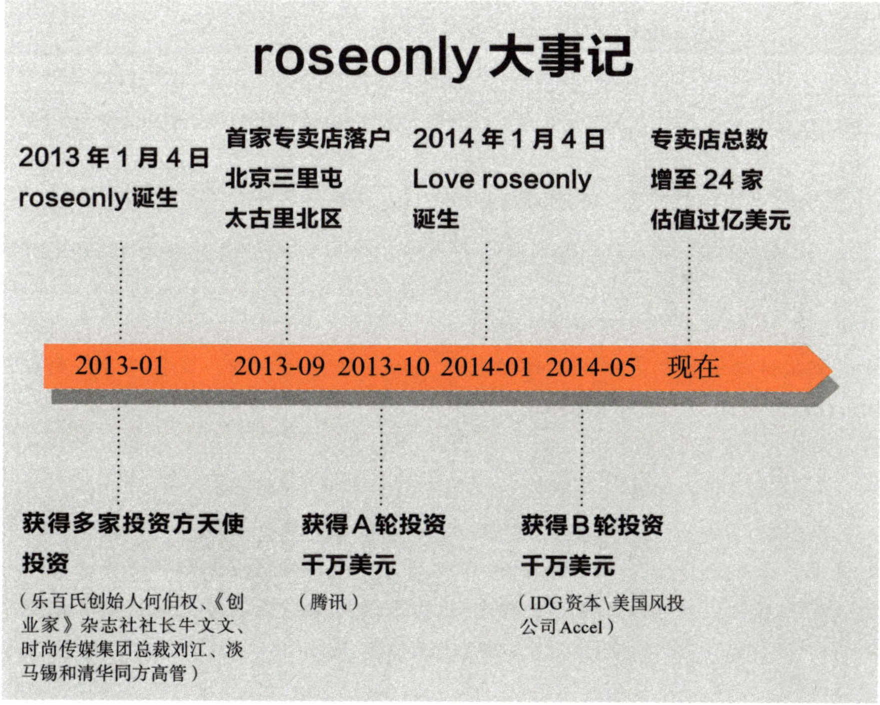

的理念。创立之初即获得乐百氏创始人何伯权、《创业家》杂志社社长牛文文、时尚传媒集团总裁刘江、淡马锡和清华同方高管的天使投资。2013 年 9 月，roseonly 首家专卖店落户于北京三里屯太古里北区，紧接着又获得了多轮融资。2013 年 10 月，获得腾讯千万美元 A 轮投资。2014 年 5 月，获得 IDG 资本①和 Accel②B 轮千万美元投资。

截至目前，roseonly 专卖店总数增至 24 家。分别位于北京、上海、广州、深圳、天津、重庆、成都、沈阳、郑州、青岛、苏州、杭州、南京、厦门、南宁、武汉等地。

以上是对 roseonly 的概括介绍，在正式介绍这个案例的赚钱模

---

① IDG 资本是专注于中国市场的专业投资基金，管理的基金总规模为 25 亿美元。在香港、北京、上海、广州、深圳等地设有办事处。IDG 资本重点关注消费品、连锁服务、互联网及无线应用、新媒体、教育、医疗健康、新能源、先进制造等领域的拥有一流品牌的领先企业，覆盖初创期、成长期、成熟期、Pre-IPO 各个阶段，投资规模从上百万美元到上千万美元不等。先后投资超过 80 个项目，宜信、搜狐、金蝶、雅宝、天极、当当、搜房、易趣、美商网、腾讯、四海商舟、索易、鲨威体坛网等均有其投资。

② Accel 合伙公司是全球顶级风险投资公司之一，致力于帮助杰出的企业家创建世界级的高科技企业。Accel 管理的 8 亿美元风险投资仅仅限于两个领域：通信和互联网 / 内部网，投资金额超过 30 亿美元。先后投资超过 200 家公司，REAL NETWORKS、VERITAS、MACROMEDIA、沃尔玛等公司均由其投资，该公司已成功地将所管理资本的价值提升到 1250 亿美元。

式之前，我们先剖析一下创始人蒲易先生（Perry Pu），试图理解为什么他会有如此无极限的创意，斗胆制定“一生只送一人”的离奇规则。

Perry Pu先生获得墨尔本大学会计专业学位，长江商学院金融工商管理学硕士（FMBA）学位并加入清华大学高级管理培训项目以及哈佛大学的私募股权课程，现担任对外经济贸易大学消费与投资研究中心理事。曾担任过花旗日兴Antfactory基金（现在Ant

Capital Partners）常驻中国的首席代表和中国分公司的执行董事，也曾在德同资本担任合伙人，先后投资过的公司包括大众点评网、梦芭莎、白天使、英飞特、机锋网、安沃传媒等。并与天津泰达投资控股有限公司共同发起成立了合资人民币基金，参与了中粮集团领头建立的农业基金等项目。

不难看出，创始roseonly专爱花店项目之前，Perry Pu先生已经在创业、电商、移动互联网、消费及资本市场等行业拥有丰富的从业经验和资源。这些都为其创意无极限、高端定位及项目成功的运作奠定了基础。

“专爱”“一辈子只能送一人”

Trust roseonly, trust love.

信者得爱，爱是唯一。

这正是roseonly的品牌内涵，源于我们对爱情本质的向往，源于我们对初心的自我回归。

正是因为“专爱”“一辈子只能送一人”的神圣爱情塑造了roseonly的品牌价值，即用顶级的玫瑰和服务，承载专一的爱情。注册后指定收礼人，终生不能更改。

正是因为“专爱”的品牌价值，才促使roseonly加速实现“坚持打造高端的鲜花品牌，坚持走轻奢侈品牌路线，打造高端鲜花消费市场中的Tiffany”的战略目标。

是的，roseonly品牌理念与爱情推崇的唯独性高度吻合，要求用户送花终生只能送一个人，尤其对于女性用户很有杀伤力。作为女朋友的她，如果可以收到一束这样的鲜花，一定会从内心获得一种无以言喻的满足感，这就跟白富美的标配——一个LV或香奈儿的包是一个道理。

从某种意义上来说，roseonly正在成为一段爱情的最佳见证。所有人群都无法抗拒对美好事物、美好未来的憧憬和向往。

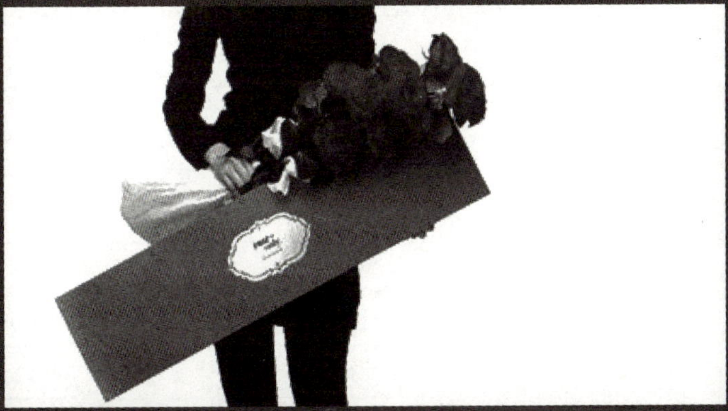

以“信者得爱，爱是唯一”为产品理念，鲜花一生只送一位佳人。利用“爱情唯一”切入市场，迅速引起女性对roseonly的购买欲望。

因此，roseonly必然会成功。

因此，我们就看到了roseonly不断会在情人节、七夕或圣诞节等重大节日里刷新销售纪录，实现单月销售额破千万和纯利润过百万的骄人业绩，更在2014年创下了“2月14日情人节当日线上销售额过千万”的惊人成绩。

产品稀缺且奢华

正因为roseonly的战略目标，已经决定了其很难通过走量的方式获得单月销售额破千万和纯利润过百万的骄人业绩，而事实上roseonly的玫瑰花确实在市场上价格居高。

例如，roseonly的部分产品价格如下表所示：

产品	主题	系列	价格
永生玫瑰	爱在心甜	夜曲	520元/盒/3朵
		心甜	399元/盒/1朵
	爱的递进	简爱	1999元/盒/16朵
360度的爱	经典永续	3999元/盒/18朵	
	爱在满怀	2999元/盒/12朵	
	恒久真爱	1999元/盒/8朵	
	爱情轨迹	1699元/盒/3朵	

价格需要价值来承载，roseonly的品牌价值毋庸置疑，而roseonly的产品价值就值得关注。

事实上，roseonly以皇家矜贵玫瑰为核心产品，且这些玫瑰均来自于全世界顶级玫瑰的摇篮——南美厄瓜多尔产区、法国高加索产区及叙利亚产区。可见，从产品的品质上来看，roseonly的玫瑰不仅高档奢侈，更是罕见稀缺，绝对胜于一般的零售店的花品。同时，roseonly的玫瑰生命周期（性能）可以保持一周或三年，更胜于一般的零售店的花品。

例如，roseonly的产品来源如下表所示：

产品名称	品级	生命周期
厄瓜多尔玫瑰	顶级	一周左右
大马士革玫瑰	顶级	一周左右
法国千叶玫瑰	顶级	三年左右

如此稀缺且奢华的产品，如何保证运输过程中不会造成花的损伤，更保证不会因为密封、摩擦而对鲜花造成致命伤害？

解决了这个问题，就使roseonly玫瑰花的奢华获得加分。因此，roseonly玫瑰花的包装是能“呼吸”的，包装的每一道工艺都是经过有几十年熟练手艺的师傅专注、严格筛选而完成的。如果花有严

包装能“呼吸”

重损耗（枯萎及花谢），在货品签收后24小时内拍照，就可以在官网进行退货，这样的收付信用，也为客户提供了便利与信任。这些配套服务，绝对也胜于一般的花店零售店。

因为roseonly玫瑰花的产品奢华与配送要求高，使得roseonly采用预售模式及第三方配送的模式变得有理有据。所以，从另一个层面上来说，roseonly已基本实现零库存。这样就大大减少了因为产品库存而需要额外支出的仓储费和其他一些风险，降低了公司的销售费用支出，增大了利润空间。

好的产品加上好的创意，roseonly一定会大卖；好的预售模式加上第三方配送，roseonly一定会增加利润。roseonly必然会成功，但又是什么样的方式或原因让roseonly成功进入了加速度模式，短短一个月后就开始赢利呢？

口碑营销

口碑营销，是指企业在品牌建立过程中，通过客户间的相互交流将自己的产品信息或者品牌传播开来。而口碑营销的最大优势就

口碑营销滚雪球效应：产品推广最初是通过创始人蒲易的微信朋友圈进行口碑营销的传播，明星宣传，然后微博营销扩大知名度。
通过事件营销、网络营销、公关活动等来借势、运势、造势，并有计划地执行丰富多彩的宣传活动。

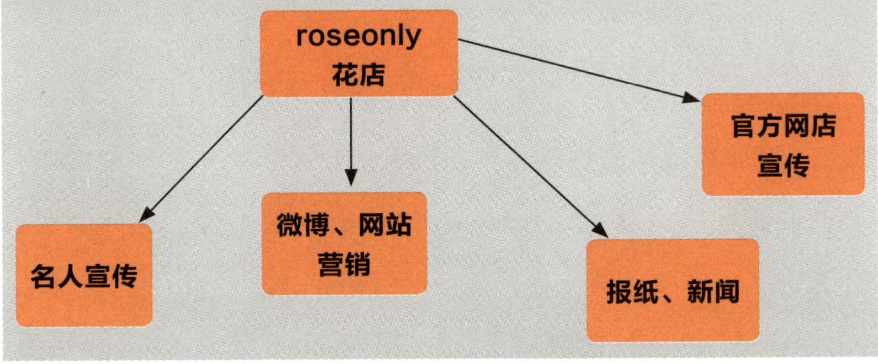

在于营销的成功率高、可信度强，并具有滚雪球式效应。

所以，roseonly的前期营销完全依托于社交平台，并接连使出四招撒手锏。

第一招，杀熟。roseonly产品推广最初是通过创始人Perry Pu先生的微信朋友圈进行口碑营销的传播，即在自己的朋友圈里预售99盒情人节玫瑰，显然这是在曾经的创业、电商、移动互联网、消费及资本市场等行业的朋友中进行“杀熟”，但效果很不错。朋友们积极转发，产品一售而空。这就是产品的天使客户，且绝对都是有消费力的“高富帅”成功人士。

第二招，明星代言。首先，李小璐高调晒微博秀恩爱，紧接着有更多的明星陆续宣传，例如杨幂、李云迪、林志颖、贾乃亮、汪峰、李晨等众多明星均有代言或宣传。明星的号召力之强、粉丝团的巨大毋庸置疑。

第三招，“滚雪球”。无论是天使客户还是明星客户，其背后都有一群如影随形的铁杆粉丝，巨大的粉丝团在不断“滚雪球”，10多万粉丝很快就成了roseonly的稳定流量来源，并持续获得客户。

第四招，互动。通过事件营销、网络营销、公关活动等来借势、运势、造势，并有计划地执行丰富多彩的宣传活动，针对不同的节

日举办不同的宣传活动（例如 2 月 14 日，只是我们知道的情人节之一而已，如下表所示），线上与线下宣传的相互结合，不断加大终端的促销力度来增加产品的销售额。

日期	名称
1 月 14 日	日记情人节（Diary Day）
2 月 14 日	西方传统情人节（Double Seventh Festival ）
3 月 14 日	白色情人节（ White Day）
4 月 14 日	黑色情人节（ Black Day）
5 月 14 日	黄色与玫瑰情人节（Yellow and Rose Day）
6 月 14 日	亲吻情人节（Kiss Day）
7 月 14 日	银色情人节（ Silver Day）
8 月 14 日	绿色情人节（Green Day）

（续表）

日期	名称
9 月 14 日	音乐与相片情人节（Music Day and Photo Day）
10 月 14 日	葡萄酒情人节（Wine Day）
11 月 14 日	橙色情人节与电影情人节（Orange Day & Movie Day）
12 月 14 日	拥抱情人节（Hug Day）

roseonly，绝对是一个口碑营销的成功案例。

如果不唯一，何必情人节？

总结与回顾

roseonly

创意无极限

1. 一辈子只能送一人（“专爱”）
2. 产品奢华稀缺
3. 口碑营销

外婆家：

好吃不贵，价格的定位

有这么一家餐饮店，排队等位就是一种文化，不排队竟然就是不正常。

有这么一家餐饮店，排队的时候竟然是人工手写号码、人工叫号，该叫号系统被美名为“外婆喊你吃饭啦”。

有这么一家餐饮店，风靡大江南北，全国已有170余家门店，8000多名员工。

有这么一家餐饮店，它就是从杭州的一家面馆白手起家，直至进军海外，开始勾勒“世界美食版图”。

……

这家餐饮店，不但名列雅虎口碑网杭城热门餐厅排名前50，且所有餐厅全部上榜，荣得第一；其在大众点评网发布的杭州菜系浏览量排行中，更是以10670票高居第一。

这家餐饮店荣获“浙江省著名商标”“浙江省著名商号”称号；2010年，这家餐饮店还被国际权威美食杂志评选为“年度BEST50中国最佳餐厅”。

这家餐饮公司，入选“2012年度中国餐饮百强企业”及“创业邦2012中国高成长连锁企业50强”。

这家餐饮店，绝对是餐饮企业中的“老字号”。其成立于1998年，从最初的马塍路的一家路边店，历经18年风雨，成长为拥有170余家门店、8000多名员工的杭州餐饮航母。

这家餐饮店名叫外婆家，它缔造了吃饭排队的餐饮业神话，也缔造了一个时代的传奇。

外婆家的传奇发展史

一、1998年——创业期：传奇萌芽。

1998年5月，吴国平夫妇携手创业，工会餐厅“水晶饭店”开业，这是外婆家的前身。

1999年，天目山路道路改造，水晶饭店歇业。同年，马塍路

“外婆家家乡面馆”开业，“外婆家”元素被启用。

二、1998年至2003年——成长期：峥嵘初显。

2002年，“外婆家家乡面馆”升级改造，首家外婆家中餐厅开业，马塍路店作为外婆家进军餐饮业的起点，创造了杭州餐饮最高翻台率的“马塍路现象”。

2002年3月，兰桂花园店开业，外婆家正式迈出扩张第一步。

2002年9月，浙江外婆家餐饮有限公司成立。

2002年11月，《每日商报》率先报道，外婆家由此进入媒体视线。

2003年8月，外婆家跨越钱塘江，开出江滨店，“杭儿风”越刮越猛，杭城餐饮界为之震动。

三、2004年至2006年——发展期：风生水起。

2004年5月，写字楼行政快餐连锁品牌“速堡”首先在世贸中心开业，这是外婆家投资事业创新的开端。

之后，外婆家中餐厅继续发展，9家店面相继开业，外婆家一跃成为杭州餐饮航母。

四、2007年至2012年——不断壮大：扬帆起航。

2007到2008年间，外婆家跨区域扩张，成功入驻苏州、无锡、北京、嘉兴、绍兴。

2007 年，外婆家升级版精致中餐厅“指福门”开业，被国际权威美食杂志评为“2007 年度BEST50 中国最佳餐厅”。

2009 年，开创以年轻人为目标消费群的新式时尚中餐品牌——“第二乐章”。

2010 年，推出杭城首家运动风格主题餐厅——“运动 · 会”。

2012 年，外婆家的发展战略开始注重与大型城市进行综合体联姻。

五、2013 年至 2014 年——方向：多元化、专业化、精准化经营模式。

2013 年，外婆家接连打出三张王牌：专门为高端物业打造的“金牌外婆家”、风尚烤鱼餐厅“炉鱼”和时尚自助火锅餐厅“锅小二”，这三张王牌是外婆家产品多元化发展趋势的重要体现。

2014 年 1 月 16 日，外婆家联手名人名家，携手开创新品牌“Uncle5”，开杭州餐饮界合作之先河。

六、2015 年至 2016 年——方向：勾勒“世界美食版图”，开启“奔跑模式”。

外婆家将会在洛杉矶、米兰、新加坡等地陆续开设分店，把外婆家品牌输出国外。

2012 年至今，中央关于鼓励节约、整治浪费的“八项规定”出

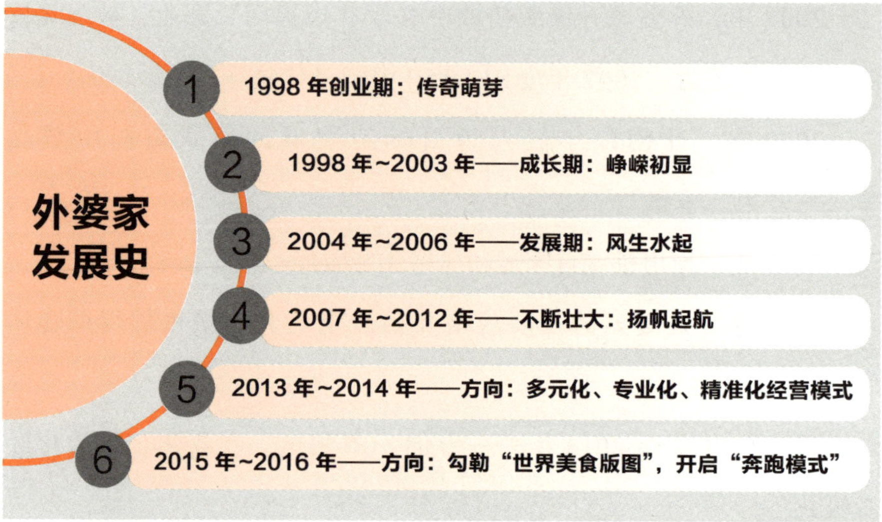

台后，高端餐饮行业受到很大的抑制，收入大幅下滑，部分企业甚至闭店歇业或被迫转型。而餐饮行业又长期受到“四高一低”，即房租价格高、人工费用高、能源价格高、原材料成本高的严重困扰，餐饮行业的成本越来越高,从而导致企业利润越来越低。

在这几年竞争激烈的餐饮市场中，外婆家却能快速崛起并开启“奔跑模式”走向海外，目前已拥有八大品牌，并且能让众多的人心甘情愿地等上一两个小时只为吃顿饭，这种成功的背后究竟隐藏着什么呢？

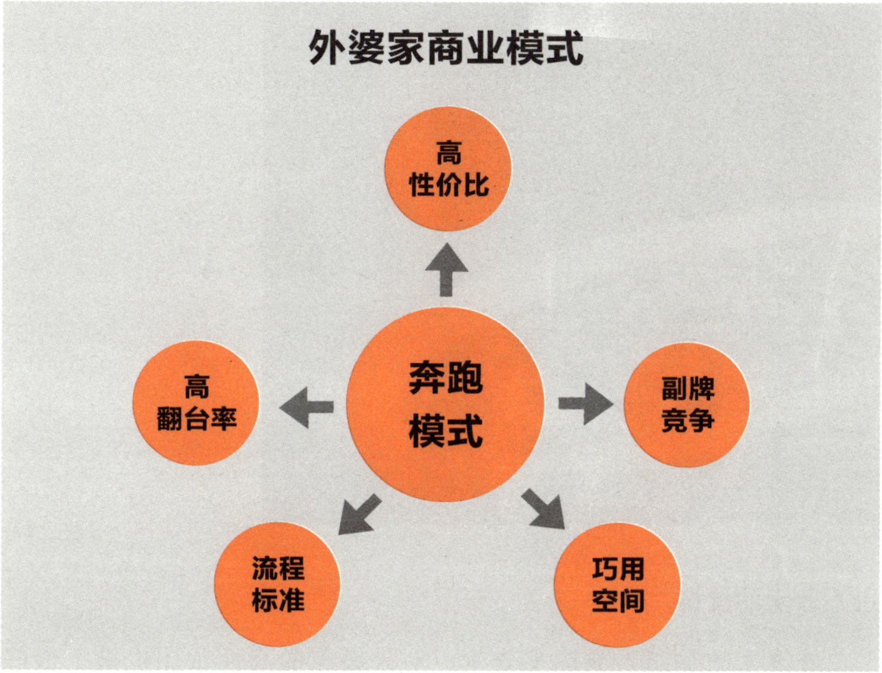

高性价比

只要你去过外婆家餐厅，绝对一眼就会发现：外婆家能让众多食客甘心等待的重量级招数就是高性价比。例如：1 元一个茶叶蛋、3 元一份麻辣豆腐、6 元一份琥珀桃浆、8 元一钵干虾萝卜丝汤、12 元一盘蓝莓山药、15 元一份葱花肉、26 元一份西湖醋鱼……人均消费均在 50~60 元间。尤其一盘麻辣豆腐只要 3 元，这绝对是路边摊

也不敢卖的价格。

外婆家的掌门人吴国平先生，对外婆家的高性价比也做了很好的诠释，他曾分析道："在吃的问题上，我们的消费者已经越来越理性了。你花钱买一张 3 万元的意大利沙发放在包厢里，或者用 50 万元年薪请来钓鱼台国宾馆的大厨坐镇，对理性的消费者来说没有意义。只有顾客眼中的价值，才是真正的价值，所以性价比是我们最核心的价值体现。"[①]不同于面向商务人群的高端餐饮品牌，外婆家

① 来自赢商网，http://news.winshang.com/news-260765.html，《揭秘外婆家公司年销售额 30%~40% 增长背后的原因》。

把握住的是大众餐饮消费市场的潜力，定位成具有大众价格的连锁餐饮品牌。外婆家自始至终都将客户群体锁定为最基础的消费人群，即居家用餐的人群，包括朋友聚会、家庭聚餐，经济实惠成了基础消费人群的基本需求。外婆家的价格优势、菜比同档次的餐厅便宜，非常利于大众接受，且当一个顾客在外婆家既可以享受到舒适别致的就餐环境，也可以品味到品种丰富的菜肴，还能够得到周到良好的服务时，再度光临就会成为一种必然。

针对聚餐、大众消费的需求，外婆家选址也较为固定，往往会靠近白领集聚的地带。不同于一般餐厅的临街开店，外婆家主要在写字楼和商场等商务区、城市综合体或人群聚集的大MALL里，并且大部分都会选择在楼上，这样主要是为了照应在周边工作、生活的顾客，既缩短了顾客的就餐距离，再加上外婆家本来就菜色丰富、物美价廉，很符合白领一族的口味，所以这些白领顾客也愿意时常光顾。也正是因为独特的地理位置，外婆家无法大幅度降低成本房租，而且我前面提到过餐饮界“四高”，外婆家也需要面对“四高”的问题，却还要低价销售，那外婆家是如何盈利的呢？

如果说高性价比是顾客的价值感受，那么，支撑高性价比的法宝就是企业的投入产出比。

翻台率表示餐桌使用率，适用于餐饮服务行业，也是检验一家餐厅规模效能有没有发挥的最重要的参考数据。翻台率=（餐桌使用次数–总台位数）÷总台位数×100%。打个比方说：你就1个台面，一天来了8桌，那这个台面的翻台率就是100%；如果你有2个台面，还是来了8桌，那平均就成50%了；台面1走了6桌，台面2走了2桌，那翻台率分别是75%和25%；如果生意火爆，台面1挤了2桌的人，总共9桌的话，翻台率应当是112.5%。[①]而外婆家每桌在正餐时间能相继接待4群不同的顾客，翻台率之高不用细算。吃完就撤不仅是因为排队等的人多，也因为外婆家的椅子不是很舒服，并不适合长时间坐着聊天，所以吃完就撤也会提高翻台率。

仅翻台率高不足以支撑高性价比，外婆家还需要进行各类成本控制。例如，外婆家排队的时候是人工手写号码、人工叫号，美其名曰“外婆喊你吃饭啦”的叫号系统，这实际上也节省了迎宾员工的工钱。不过，用“外婆叫号”的概念，也丝毫没有违和感，反而实现了外婆家的广告效应。再例如，外婆家点餐服务忙乱、上菜有时候较慢、服务跟不上，这是因为外婆家是跑菜的直接上菜，对人员费用进行各种节省。不过当你抱怨的时候，偶尔还听到服务员“外婆年纪

① 来自360百科：翻台率。

大，手脚不灵活”的玩笑，让各种抱怨瞬间变成了扑哧一笑。反正年轻人有的是时间，等等也无妨，更何况尊老爱幼是良好美德。

更值得关注的是，外婆家有一套关于管理和流程标准化的方法，从原料采购、验收到整个菜肴的制作工艺，每一个环节都有流程和制度可循，进行多环节降低成本。例如，外婆家有统一配送体系、统一采购渠道、统一研发力量、统一的供应商……这样既可以保证连锁餐厅的食材统一，更可以保证规模化采购以降低成本。再例如，外婆家引入了一种“蒸烤箱”的新技术，一下子可以做很多菜品，大大减少了大厨的参与和工资支出。再例如，外婆家后台采用了统一的管理体系，即每一家餐厅的厨房都严格按照同样的标准做菜和管理，流水生产使外婆家降低了人工成本。外婆家配送中心的存在又减少了门店的后厨面积，从而增加了营业利用率；而将采购、加工和物流中能外包的环节全部外包给了形成规模的合作伙伴，则又通过规模效益降低了一层成本。

在感慨外婆家的标准化流程的时候，我需要补充介绍下外婆家的创始人、浙江外婆家餐饮有限公司董事长吴国平先生。

1989 年吴先生曾前往德国接受培训，又于 1990 年~1992 年间在浙江大学管理学院进修，因此他可以把工业化的ISO体系与餐饮业的“五常法”相结合，并有能力搭建公司完善的组织架构和健全的管理体系，总结出先进、标准的连锁经营管理流程并制定标准化操作流程，更可以对公司的运营系统进行全面的质量管理。

青春文化

外婆家自始至终都将客户群体锁定为最基础的消费人群，即终极目标消费者就是年轻人，因为年轻人不爱做饭，喜欢聚会和标新立异，而餐厅就是聚会的首要之选。

除去之前提及的门店选址、物美价廉能满足青春、时尚的年轻人的需求外，外婆家餐厅的装修风格也很时尚别致，尽量符合年轻人的审美观，装修风格颇有格调，更接近酒吧或迪厅，而不是中餐厅。而且装修材料使用铁、实木、砖墙面等现代感材料，也在寻求与众不同。例如北京朝阳区蓝色港湾的外婆家竟然装修成用竹子做的鸟笼样式，餐厅以竹子作为装修元素，整个餐厅没有封闭的包厢，坐在用竹子编成的鸟笼子里用餐，感觉确实挺特别。其实，外婆家各家分店的装修均有自己的特色。

外婆家餐厅的设计，也更利于年轻人社交。例如，整个餐厅的光线感偏暗，很好地保证了社交的隐私。为了能充分利用空间摆放尽可能多的餐位，外婆家将桌与桌挨得很近，往往只能容一人通过，但实际上却可以使消费者之间的距离更近，促进彼此间的沟通，方便“年轻人搭讪”或“为美女买单”。

外婆家自20世纪90年代发展至今，所谓的年轻人群体已经由“70后”群体渐渐延展到“80后”了，而“90后”也渐渐成了消费群体。因此外婆家也注重开发特色菜，追求创新，以满足年轻人重复消费中追求变化的心理，包括提供多元化服务，进行各种推陈出新的服务。

外婆家目前已拥有多项知名品牌，包括“外婆家”“指福门”“第二乐章”“运动·会”“速堡”“金牌外婆家”“炉鱼”“锅小二”八大品牌，为消费者提供多元化的服务。例如，“第二乐章”以年轻人为目标消费群，“炉鱼”是风尚烤鱼餐厅，“锅小二”是自助火锅餐厅……

如此多的产品，不仅使外婆家内部难以相互模仿，更使竞争对手难以模仿，因此即使在餐饮业比较低迷的时候，外婆家也会用一些别人没有想到的方法去突围。比如，最近外婆家旗下又推出“动手吧”品牌，着眼于参与感：想吃糕点、小龙虾，消费者需要颠覆传统的吃法，必须得亲自下手。这样的餐厅，让年轻人如何不爱？

外婆家也在研究如何与年轻人互动，或者利用“大众点评”等媒介，借助口碑传播品牌。外婆家还着手研究如何利用电子商务平台，让未来餐馆也可以像网店卖家一样，在网上打理自己的顾客。

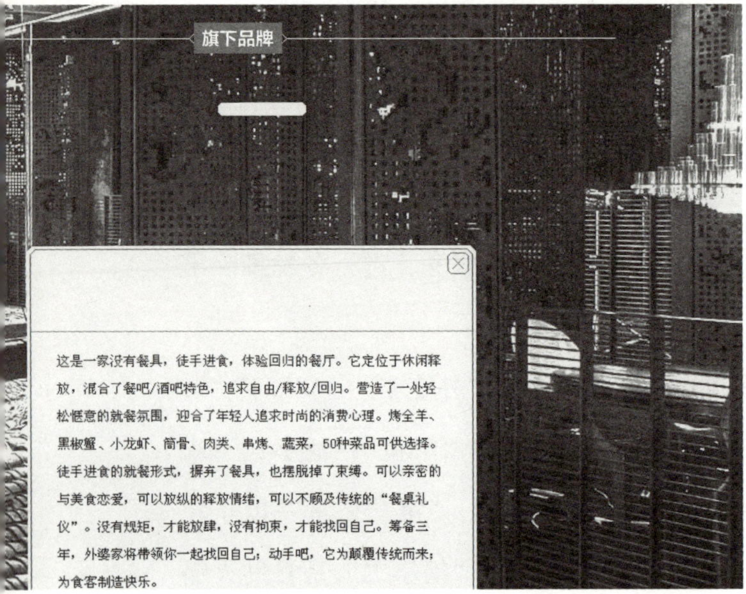

留人更留心

好的服务能够让外婆家的顾客更为满意，即使排队也会笑着等待，即使嫌端菜服务慢也能笑着忍过去……好的服务源自于员工内心的满意度，先让员工满意，继而才能让顾客满意。

外婆家离职率很低，留人的关键在于留心，“快乐工作”是员工的真实感受。“爱”是企业文化的主题，也贯穿员工工作、生活的始终，包括给予年轻人宽松、活跃的企业环境，包括对每一个员工都充满耐心和信心，员工遇到问题后，企业先以教育为主，再以处罚为辅。据了解，吴国平有时候也会亲自去给员工做思想工作，了解员工的真实感受，随机与员工谈心。

大爱之下，也需要对员工实行相应的管理制度和机制。俗话说“没有规矩不成方圆”，外婆家有专门的培训机制，定期组织员工、干部培训，以“观摩考察、阳光行动、素质拓展”等多种方式，对员工进行文化、技能、素质等培训。比如外婆家曾派团队前往美国、日本、法国、意大利和香港特区等地参观考察，让每位员工能正确认识自我，以期保持积极工作和生活的阳光心态，最终形成和谐、高效的团队。

人才培养更是关键。外婆家的快速扩张使它有充足的员工晋升空间，这对于年轻人来说是不可多得的机会。因此，外婆家给内部员工设计了一套完整的发展、晋升体系，保证给每个员工足够的发挥空间。这种晋升体系可以让年轻人敢于在外婆家中施展个性和创新，让他们尽可能发挥自己的主观能动性，继而给年轻人更多的机会和平台。例如，外婆家目前的“80后”总裁裘晓华，就是从公司行政做起，在2014年接班成为总裁的。据悉外婆家是他生物学研究生毕业后的第一份工作，晋升到总裁，足够励志。

不可忽略的是，人才的培养更需要相互竞争的成长环境。例如外婆家为满足各类人群需求而陆续推出8个“副牌”，并且鼓励各

“副牌”之间进行内部竞争，这样不仅可以使各品牌不断升级与进化，更给企业提供了一个内部竞争的氛围，让各位年轻人绞尽脑汁去突破、去创新、去施展才华。

以上种种，造就了外婆家的成功。

总结与回顾

外婆家

好吃不贵

1. 高性价比
2. 内部副牌竞争
3. 拼桌文化

爱空间：

品质加速度，效率的提高

装修，是每个家庭都一定会经历的过程。

众所周知，家装行业是一个专业性较强的行业，产品和服务的非标程度很高，信息也不对称、不透明。用户在向装修公司、设计公司寻求帮助的时候，例如家装材质是否环保、价格是否合适等问题，很难辨别信息的真假。装修本身又是一个耗时耗力的工程，所涉及的环节繁多，不仅让用户无从下手，更对装修的价格无法合理估量，甚至在装修过程中会出现中间环节层层加价的问题。再加上装修过程中会出现各种问题，例如建材送货延迟、装修偷工减料、装修工期延期、施工人员素养不高等等，简直是客户与家装公司不断斗智斗勇的过程，这些都是传统家装行业在人们心目中留下的种种无奈印象。

现在，如果你的房子需要装修，你是选择自己东奔西跑、忙里忙外，还是全权委托给装修公司？

如果你要装修房子，你的预算是多少？每平方米的预算是多少？

装修那些事儿

大概多久装修完？

……

如果我告诉你，我可以推荐这样一家装修公司，若你装修新房，从毛坯到精装的花费是699元/平方米，且仅用20天，你会不会心动想进一步了解呢？如果你心动了，那我就开始讲述这样一个颠覆家装行业的案例。

何谓“颠覆家装行业”？如果有这样一家装修公司，正在让装修变得简单便捷，让装修全过程透明化，让装修费用更为合理，并且材质可以让人更放心……将困扰客户的种种装修不良体验有针对

性地不断改变、改善，那就是在颠覆家装行业。

2014 年，一家以互联网思维为导向的家装公司创立，开始探究互联网模式下的家装行业形态。这家公司希望通过互联网思维实现家装标准化、产业化、透明化，致力于把家装过程中的不可控性降为零，通过大牌的主材基础、超低价的装修费用、科学的用工分配，试图彻底改变中国家装行业的现状。

这家公司名叫“爱空间”，全名为爱空间科技（北京）有限公司（以下简称“爱空间”），是一家联合家居行业巨头、互联网产业基金共同创立的家装公司，也是中国首家互联网家装公司。

互联网家装，是将价格不透明、工期冗长、成本浪费的家装，改变成为可定价、定期的标准化家装，并通过线上实现交易和全程监控，线下实现体验和交付的新型家装模式，让客户参与到家装过程中，用互联网思维优化行业，打破行业的陋习、潜规则。①

2014 年，爱空间首先推出一套颠覆行业的爆款产品，深受年轻人欢迎：699 元/平方米，从毛坯到精装 20 天完工。产品一推出就成了行业内外的焦点，使行业内出现了标准化产品。爱空间更得到了市场认可：2014 年 12 月 13 日试营业当天，签单 17 单；开业第一月实现签单过千的骄人成绩。自此之后，“互联网装修”“小米家装”等概念初步形成。

2014 年 12 月 13 日，互联网家装爱空间在北京试营业后，在 2015 年间飞速发展。2015 年 2 月 2 日，爱空间获得 6000 万元的 A 轮融资，由小米旗下的顺为资本领投，京东商城的投资方 H Capital② 跟投。该笔资金用于数字化连接武装一线员工，并开发客户管理系

---

① 来自爱空间官网介绍，网址：http://bj.ikongjian.com。

② H Capital 成立于 2002 年，是一家来自美国的股权投资机构，投资案例有：2014 年领投天使投资高考在线教育平台“乐学在线”，2015 年 3000 万美元 A 轮融资领投；2014 年领投母婴电商蜜芽 6000 万美元 C 轮融资，2015 年 1.5 亿美元 D 轮融资跟投。

史上最快的互联网家装

统，冀望通过强大后端衔接多个系统，包括工人移动ERP系统、即时通信系统等，保证工程实施时能够全面掌控数据。同时，推出旧房改造产品，即119+699元/平方米，从旧房到毛坯到精装8+20天完工，4月上市后供不应求。6月份，爱空间全面启动全国布局，12个城市陆续合作。12月13日，爱空间在“资本寒冬期”却获得B轮融资1.35亿元，由景林投资领投，顺为资本、分享投资、疆域资本和弘溪投资跟投。该笔资金用于爱空间在全国范围内的扩张、品牌的推广、新技术的研发和信息系统的建设。年底，爱空间又开了一间线下体验馆。截至目前，爱空间已经启动了继北京之后十四地区分公司的扩张，积累了10万+的粉丝客户。

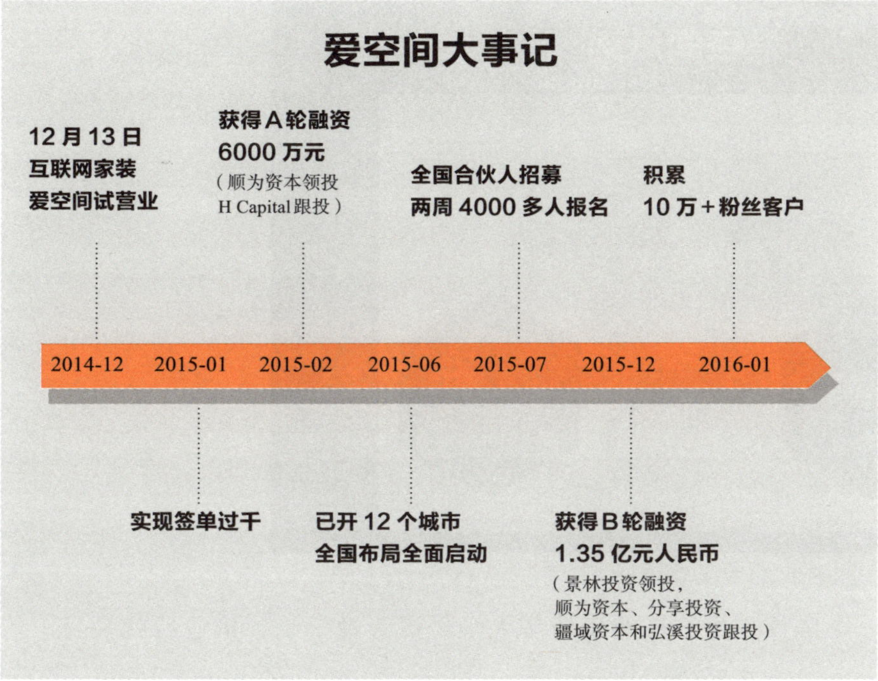

爱空间的成功，是传统家装企业向互联网+的一次成功转型，爱空间很清晰地知道：家装用户的痛点是什么、要解决的问题是什么，以及如何解决用户痛点。

互联网+快+低价

如果说爱空间的成功在于其精准捕捉到了用户痛点并成功提出了解决方案，那么就不得不提及爱空间的创始人、CEO陈炜先生。

陈炜先生，毕业于清华大学经济管理学院，毕业后就投身于传统家装行业博洛尼公司，曾担任博洛尼旗舰装饰装修工程（北京）有限公司总经理，负责全国的精装业务，因此他对家装行业从基层工序操作到高层公司运作，均已了如指掌，更知道家装用户的痛点和真正需求是什么。因此，他对行业的思考，甚至是操作细节会有透彻的认知。他要用互联网思维，兼用“标准、极致、透明、快”的理念打造全新的、更简单、更省心的家装产品，为消费者提供性价比最优的家装服务，去真正解放一代年轻人。

因此，爱空间的每一项公开承诺都是在解决用户的一项痛点。

例如，“八大一线品牌，由工厂直供”，即爱空间使用的主材，来自科勒、马可波罗、大自然、科宝·博洛尼、雷士、西门子、多乐士、友邦，这样“爱空间”就可以从源头严格筛选好材料，为健康安全的绿色环保装修提供强力保障。

例如，“从毛坯到精装仅需20天”，仅用20天完成施工全过程，已经达到了装修工期的极限，绝对称得上“最快家装”，并且每日告知工程量，每日明确施工工人施工效率，每日汇报施工结果，每日进行工程验收，让装修全过程透明化。

例如，“80道标准工艺，严格质检”，按照要求质检，自检与互检相结合；“100%自有产业工人，绝不分包”；“免费测量，免费设计，免费软装顾问”；“装修有保障，即水电施工质保5年，其他部分质保2年”；“360度服务，放心无忧”等等。

正是这些让人心动的条条承诺，让装修客户对过去说再见，确实解决了用户的很多后顾之忧。

另外，装修没有烦恼时，消费者还能享受699元/平方米的优惠价格，厨房橱柜、烟机灶具等都包括在内，确实让很多普通老百姓跃跃欲试。解决现在十万、数十万的高昂装修费问题，更让工作繁忙无暇投身烦琐装修的年轻一代，真正实现解放。

互联网时代，爱空间在付款方式上也力求解决用户的后顾之忧。

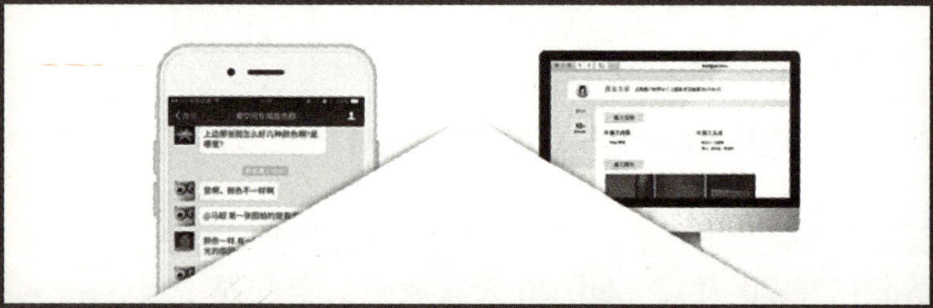

网站上全面公开施工信息
微信群建立，包括收集客户反馈建议的吐槽群

例如爱空间把家装公司搬上了淘宝店，立即在“淘宝宝贝”处输入“爱空间装修”，会出现爱空间的产品。拍下定金即可预约量房，量好房子后即可按平方米数拍下相应的家装套餐，有了天猫做保障，装修款只有在客户“点赞”后才会付给家装公司。

欢迎吐槽，也是爱空间运用互联网重视客户口碑的表现。例如爱空间会在网站上全面公开装修施工的信息，包括在网站上对施工标准、工期、合作品牌、施工进度进行全面公开，客户可以通过手机看进度，通过微信直接观看房屋装修的直播。再比如，爱空间专门设立了收集客户反馈建议的吐槽群，特地建了一个“参与感群”，里面有正在装修的客户，有在排队装修的客户，大家可以随意吐槽，甚至可以和CEO直接交流，大大增强了与客户的互动。这已经成为爱空间团队利用互联网收集反馈意见、提升服务的一个有效途径。

以上种种承诺与举措，打消了家装一族所有的疑虑，真正成就了“甩手掌柜”一族，使他们实现了边度假边装修的愿望。

垂直闭环

对待装修客户，爱空间已经提出了种种解决装修痛点的承诺与举措，因此，爱空间一经启动就获得了市场的认可和喜爱。但这些只是客户的第一感觉，如果爱空间希望可以真正让消费者心服口服、死心塌地，并愿意自发为爱空间做“口碑营销”，最终还是得让消费者关注在爱空间的产品和服务的质量上。因此，爱空间认为家装行业必须要做闭环。

爱空间做垂直闭环体系，是这样一个逻辑：客户获取—展厅展示—设计—库房运输—工人实施—配套服务和社会服务。要完成这样的闭环，需要展厅、库房等硬件构建，也需要管理产业工人队伍的软件建设，包括培养工人、管理工人去完成整个装修业务等。[①]爱空间就是在设计、原料、零配件、仓储、配送、组装、安装、施工的全过程中实现自营参与和控制的。

---

① 来自爱空间官网介绍，网址：http://bi.ikongjian.com.

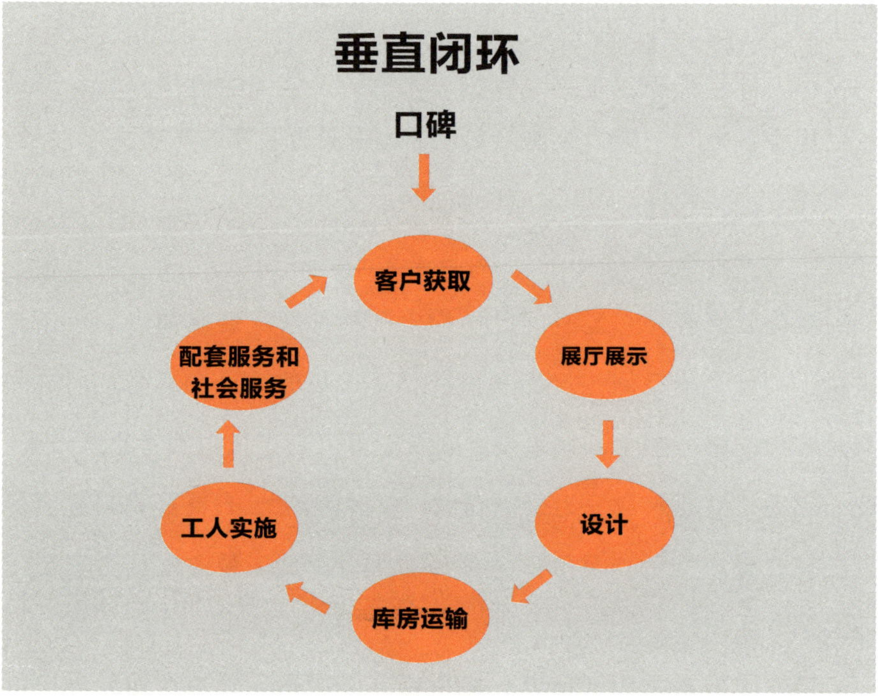

家装行业注重体验，因此消费者需要通过体验店更直观地判断产品的质量。所以，爱空间虽然在官网上已经将装修产品的相关信息进行了详细披露，但仍然保留了传统家装行业的体验店模式——展厅，这样客户在网站上了解后再去展厅实地实物考察，帮助客户打消最后的疑虑。

爱空间建设了一个中央库房，不但丰富了产品供应链，更节约了成本，提高了产品的运转效率。原材料供应是爱空间的核心发力

中心仓建立

中心仓建立是供应链整合能力的体现，产品提前入库，严格质检，系统化仓储管理，更提高了产品的运转效率，并节约了运输成本。

点，陈炜多年在家居建材装修行业奔走，有丰富的产品供应链资源，因此，爱空间的原材料供应并不是在单一城市与不同的渠道商打交道，而是与科勒、马可波罗、大自然、科宝·博洛尼、雷士、西门子、多乐士、友邦等八大核心供应商直接对接，构建全国一体化的供应链体系，省去多层次的交易费用。中央库房更可以为供应链整合提供保障，保证统一采购的产品可以提前入库，中央库房实行严格质检制度并对仓储进行系统化管理，更提高了产品的运转效率，并节约了运输成本。例如，爱空间已经在北京建立了3000平方米的仓库，能够满足300~500单库存的周转。同时，爱空间大订单量带来的批量采购，让爱空间甚至能够自己包下整条生产线来大幅降低成本。

产业工人队伍是执行装修的团队，其执行水平直接关系到用户体验和口碑。因此，爱空间并不走传统装修工程层层分包的老路，而是自己培养、管理产业工人，更是自养产业工人，建立产业工人基地，为产业工人统一安排食宿和统一管理，提供优越的生活环境，提供稳定的订单和工作量，给予稳定的工资，让产业工人衣食无忧，保证产业工人的素质及能力。此举被称为“圈养工人”。

爱空间的产业工人均来自一线有施工经验的熟练工人，而没有经验的工人例如从技校、中专招过来的学生，则需要统一学习与培训，刚毕业的学生要先接受深度（三个月）的培训，工人们定期也需要进行专业培训和业务交流。所有员工需要统一进行业务考核后方可上岗，这样才可以保证施工质量。

同时，爱空间制定了严格的“80道标准工序”，用以指导工人施工，当然也包括装修材料的标准化，即坚持“少即是多”，突出“方便、简单”的优点，不给客户太多选择。例如，门都是一个尺寸，不会给客户太多选择；客户得按着被分解的装修工序，按标准

化时间节点的节奏走。标准工序更可以指导工人们自检、互检、抽检，同时为管理人员检查提供依据，保障施工按质按量完成。而且还同意提供施工工具和检测仪器。

爱空间拥有自己的产业工人，因此配送材料也有专业配送团队，让客户可以集中时间验收；工人可以严格按排期进场施工，并进行标准化、流程化施工作业；批量采购的原材料进行集中仓储和配送，对于施工时间，工厂和施工现场同步进行，所有产品均在厂房施工完成，完成后在现场进行安装，不用逐一奔波……这些都保证了装修的高效和质量。

同时，爱空间更花费重资开发了客户管理系统以提高工人的工作效率。总之，在一线的工人，可以通过客户管理系统、供应链管理体系跟后台的ERP、财务、派单系统等及时地连接在一起。

实施垂直闭环，既提高了效率又降低了成本，更可以获得良好的用户口碑，这也正是爱空间虽然没有大力去做广告，业务发展速度却比较快的原因。

城市合伙人

爱空间在得到市场肯定后，下一步就是面对持续发展、品牌推广、规模扩大的问题。规模扩大，更利于增强爱空间的品牌影响力、与可靠供应商的持续合作，以及获得利润，因此，全国扩张是爱空间的必然之路。

爱空间的全国扩张，没有采取以往的开直营店和寻找加盟商的模式，而是推行“城市合伙人”计划。即爱空间在城市设立一个控股的子公司（控股60%），邀请合伙人（联合当地优秀的、愿意共同改变家装行业的企业）投资入股当地的爱空间公司。所有家装的落地签单和实施工作，会由当地公司完成。公司的业务操作、运营流程全部由当地合伙人负责。城市合伙人的收益，不是短期的利润分红，而是来自城市公司的价值增长。当然，供应链和管理体系（包括渠道、推广及线下展厅）仍然由总部建立统一的模式和标准。

可见，城市合伙人就是爱空间进行全国布局的重要战略。对于推行此计划，陈炜曾明确表达过：“互联网的发展让我发现，我们在城市落地的扩张中，需要的是创始人，而不仅仅是职业经理人。”就如爱空间的四个合伙人，分别主管线下门店、线上业务、产业工人培训管理、研发和客户体验，他们并不仅仅是职业经理人，而是以老板的身份管理所属的部门，尽职尽责、用心程度自不用细说。

截止到2016年4月初，爱空间除了北京总部外，已经招募了14个城市合伙人，成立了

上海、广州、深圳、成都、杭州、济南、郑州、淮安、南昌、长沙、武汉、昆明、西安、天津 14 个分公司，全国扩张已初具规模。

爱空间已经用“单品海量”“海量微利”“最快装修”“城市合伙人”的成功，证明了互联网模式可以在家装行业落地，并且“垂直闭环”更利于家装行业的持续发展。这也是我分享、分析此案例的目的所在。

总结与回顾

爱空间

品质加速度

1. 最快的互联网家装，20天

2. 自有工人不分包

3. 垂直闭环

4. 699元/平方米

MAKE

MONEY

赚钱

PART 2
客户体验

辣妈帮

e袋洗

小微律政

流行美

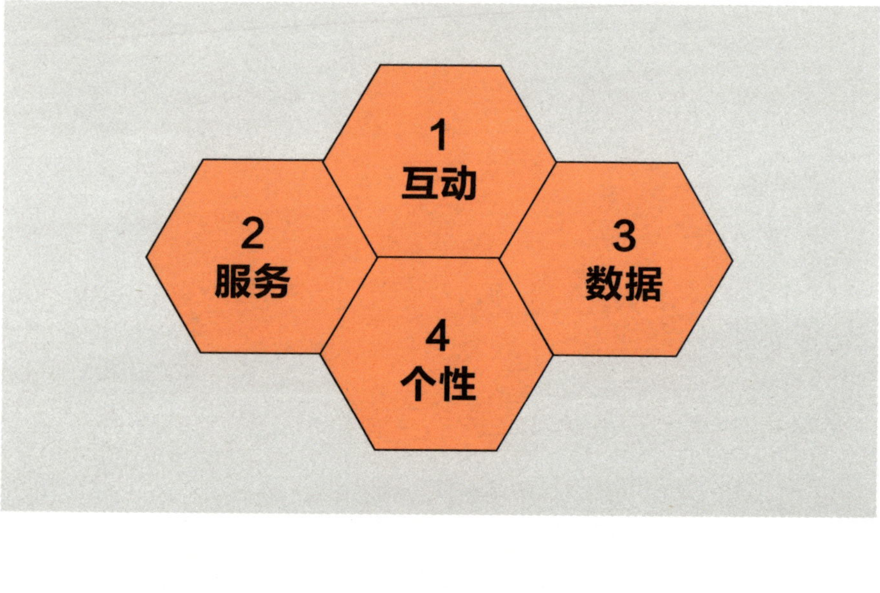
1
互动
2
服务
3
数据
4
个性

客户体验，就是用户使用商品后的最直接的感受，也叫作用户体验。一般来说，客户体验包括操作习惯、使用后的感觉等。客户体验是每个公司都在不断完善的任务，也是每一个公司都应该重视的一种理念。“现代营销学之父”菲利普·科特勒认为，顾客满意是指“一个人通过对一个产品的可感知效果与他的期望值相比较后，所形成的愉悦或失望的感觉状态”，客户满意水平是可感知效果和期望值之间的差异函数。因此，要想提高客户的满意程度，很重要的一点就是缩小客户体验与客户期望之间的差距。

无论是何种行业、哪个企业，客户体验都不是单点覆盖的，而是由多方面组成的，一般会包括品牌形象、产品、服务及用户付出的金钱成本、时间成本等。正是所有用户接触的感受差异，构成了用户对一家公司独特的体验认知。在这贯穿售前、售中、售后的长链体验中，客户体验无疑变成公司业绩的重中之重。

辣妈帮：

引发互动，发挥社群的力量

2013年11月15日，中国共产党第十八届中央委员会第三次全体会议通过的《中共中央关于全面深化改革若干重大问题的决定》对外发布，其中提到了“坚持计划生育的基本国策，启动实施一方是独生子女的夫妇可生育两个孩子的政策”，标志着“单独二孩”政策将正式实施，且全国不设统一的时间。自2014年1月17日从浙江省起，该政策相继实施。

继“单独二孩”政策全面落地一年多后，2015年12月21日，中国共产党第十八届中央委员会第五次全体会议决定：坚持计划生育的基本国策，完善人口发展战略，全面实施一对夫妇可生育两个孩子的政策，积极开展应对人口老龄化行动。这意味着国家已全面放开二胎政策，将允许普遍二孩。

“单独二孩”政策、全面放开二胎政策的相继出台，使得母婴消费市场越来越呈现出火爆态势，已经成为未来一个巨大的消费增长市场。自2013年起，母婴产业链上的各路力量已开始觉醒，传统市场中例如婴幼儿成长的刚需产品、高频次消费产品——奶粉的生产商，纸尿裤、儿童服装等婴童产品的生产商、零售商、渠道商、服务商等都面临升级服务，线下实体母婴店及线上母婴电商也在摩拳擦掌。二胎政策更刺激了母婴市场的创业，包括像月嫂、育儿、产后恢复、亲子游、夏令营等非标准化服务的创业，甚至资本方都在躁动。

2013 年~2015 年间，针对二胎政策开放的各类母婴创业平台陆续出现，而且创业者很清晰地将目标群体定位为“80 后”“90 后”的新生儿父母，这些新生儿父母大多为独生子女，孕养知识匮乏，希望通过交流获得育儿知识。这个群体的新生儿父母身上有着强烈的互联网标签，知道如何通过网络获取信息并习惯网络购物。在这样的背景下，母婴行业的互联网创业大潮势不可当。

2014 年 9 月，专为儿童打造智能体温计的“宝护圈”成立，并获得了梅花创投 200 万元天使投资。

2015 年 1 月，一家智能硬件研发商“婴萌科技”，将其主打产品智能冲奶粉机 Milking登陆淘宝众筹，获得近 4000 人支持，筹集 300 多万元人民币。7 月，Milking 冲奶机正式上线销售。

2015 年 6 月，“芭比辣妈”——一家专注为妈妈群体提供健身私教的 O2O 服务平台上线，一个月后，健身 O2O 项目“芭比辣妈”立即获得黄晓明个人百万级天使投资。

2015年8月10日，母婴护理O2O项目“有福妈妈”，即一个提供到家式母婴护理、育婴早教的服务平台，完成3000万元A轮融资，由景林资本领投，经纬创投跟投。

2015年，备孕产品“孕橙”，获得了数百万美金的Pre-A轮融资。

还有一大批母婴社区、电商创业项目不断得到了融资，例如“蜜芽宝贝”“贝贝网”“辣妈汇”等等，还有很多意想不到或未被关注到的涉及母婴市场的项目，正在陆续登场……

辣妈帮，一个专属于妈妈们的社交平台，也是当今中国最大的移动女性社区之一，是我接下来要着重分析的项目，它是一个从社区转型为电商的成功案例，目前估值10亿美元。

辣妈帮自2012年5月12日正式上线后，在2013年3月就获得经纬创投、险峰华兴、晨兴创投领投的A轮融资数百万美元。接着2014年1月，线下活动“辣妈年会”同时在115个城市举行，近万名用户参与；7月就获得景林资本领投的B轮融资2000万美元；随即在9月推出自营跨境母婴电商品牌——辣妈商城。2015年1月，辣妈帮又获得C轮融资1亿美元，这次融资由唯品会领投，经纬创投、景林资本、晨兴创投跟投；3月，“国民辣妈”孙俪代言辣妈帮，出任“首席辣妈”。截至目前，辣妈帮的下载用户已经突破了6000万人。

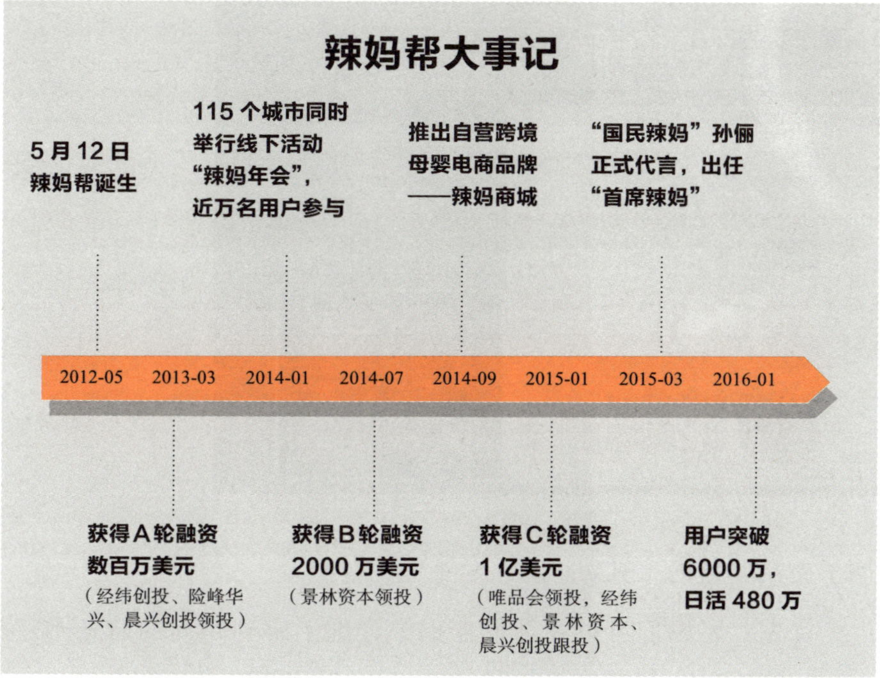

可见，辣妈帮在成立之初，仅是妈妈们分享、交流生活和育儿经验的社交平台。2014年获得A轮融资后转型为“社交+电商”平台，并推出辣妈商城，正式开展进口母婴特卖业务。

孕期伴侣

“孕期伴侣”是一款专业贴心的孕期40周陪护及新生儿养护工具，也是专门为准妈妈、新手妈妈们提供科学的孕期指南及活跃的

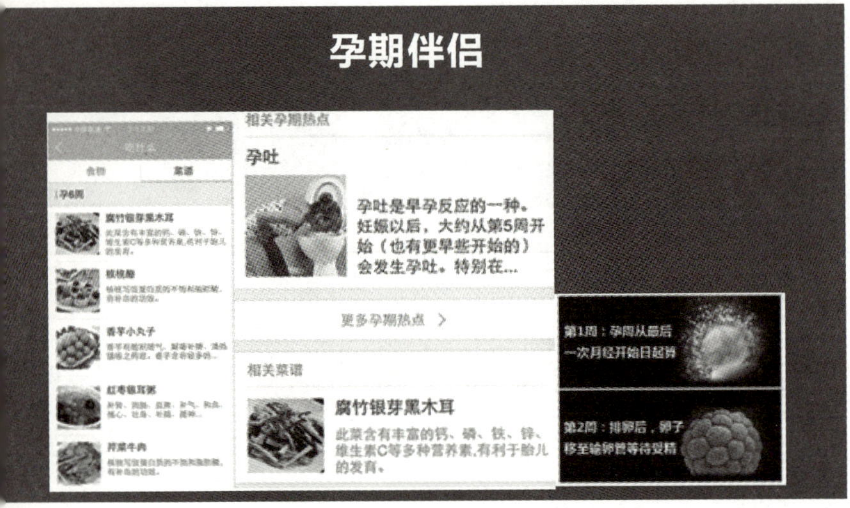

圈子交流服务的工具。

首先，妈妈们可以在孕期伴侣中详细了解到每周的胎儿3D图形、标准身长及体重数据，更可以知道怀孕时长、自身变化、孕期任务、营养贴士等等。再次，妈妈们可以通过孕期热点标签的分类查找或搜索找到孕期及新生儿常见的各种问题的答案，并与其他妈妈们分享经验。最后，辣妈帮与中华全国妇女联合会紧密合作，中国知名妇产科、营养及儿科等专家会每天讲解孕产期知识、新生儿养护知识等，并提供专业的咨询服务及专家指导，陪伴准妈妈们走过孕期。

可见，孕期伴侣作为“工具”，已吸收了大量孕期妈妈作为种子用户，发挥了工具引流的作用。但是，工具毕竟只能满足阶段性需求，怀孕 40 周之后的用户也可以并有需求继续使用辣妈帮，因此辣妈帮的客户黏性也需要进一步提升。

辣妈社交

孕期伴侣作为“工具”解决了客户引流的问题，接下来就需要社区服务来解决用户沉淀和用户黏性的问题。辣妈帮社区，最好能从孕期、地理位置、兴趣爱好等众多维度来划分子社区，因为经过精准分类的用户更容易产生共同语言，而且每一个妈妈都可能是信息的分享者，也可能是信息的受益者。

因此，辣妈帮里的社区、帮派林立，有同城帮、热门帮、附近帮，也有宝宝教育帮、宝宝健康帮、宝宝趣事帮等，新手妈妈们、备孕准妈妈们，包括妙龄女性，都可以加入任意帮派，结交来自全国各地、五湖四海的志同道合的姐妹。辣妈们也可以建立热门话题，例如同城、附近、育儿、瘦身、美妆、情感、美食、打击小三、两性健康等，并可以通过手机、iPad、Web 等，在辣妈帮社区中随时随地以图片、文字、语音等多种方式分享话题，只要是辣妈们关心的帮里都有。因此，无论是生活中的点滴乐趣，还是各种疑难问题，妈妈们都可以通过手机、iPad、Web 在辣妈帮即时分享及获得帮助。

这些，都利于增加妈妈们的群体认同感，进而提升用户黏性，同时以线上带动线下。

辣妈帮的线下活动可谓丰富多彩。例如，2015 年 1 月，辣妈帮成功举办了 113 场“百城万人辣妈年会”活动，1 万余名辣妈参与。辣妈帮三周年时，更征选了 10 组幸运家庭参加辣妈帮三周年“一路有你”欢乐家庭日活动，还有“辣妈帮女王互动计划”活动等。线下活动的活跃更为同城辣妈们建立了一个线下交流渠道，帮助大家“勾搭”到“中国好闺蜜”，宝宝找到“同龄好伙伴”。

辣妈帮作为社交软件，功能也具多元化，包含了帮、话题、关注、私信、群、日记、推荐、分享、附近、购物等功能，社交优势非常明显。辣妈帮正以“辣”的生活态度、“帮”的形式打造新时代辣妈们的深度沟通交流社区，日活跃用户达到480万人，不愧为千万辣妈首先选择的移动互联网社交平台。

辣妈商城

辣妈们在社区互动活跃频繁，当社区积累了一定用户的时候，通过数据分析，辣妈帮自然会发现妈妈们购物的需求特别旺盛，做母婴电商就成为一个顺理成章的自然选择。而妈妈们在社区中的各种交流就开始发挥作用，例如两年来妈妈们关于商品需求的过亿帖子，就成为辣妈帮进一步挖掘用户刚需的最基础、最准确的数据。同时，这也能为广告主提供精准硬广告、互动广告、内容植入广告等多种投放。而且，妈妈们也可以提交欲购买的产品名单，商城会对需求数据进行分析，不断完善货品。

2014年9月，辣妈帮推出跨境母婴电商平台——辣妈商城，商品来自于辣妈帮社区内5400万辣妈们的推荐和分享，辣妈商城郑重承诺：百分百海外正品保证，奶粉爆罐包赔，支持14天无理由退货，24小时极速发货。辣妈商城一经推出，月销售额突破千万元，显示了移动社区电商不同于传统电商的强大威力。

辣妈商城

辣妈商城除了在辣妈社区中获取刚需信息、个性需求外，更可以将优质的商品信息向社区反向传播，形成自有粉丝群，口碑效应甚至大于广告的宣传推广。

随后，唯品会战略投资辣妈帮，又创立“荷花亲子”，首创达人推荐的新模式，为用户提供最佳的购买方案，包括母婴类、美食类、美妆类等。

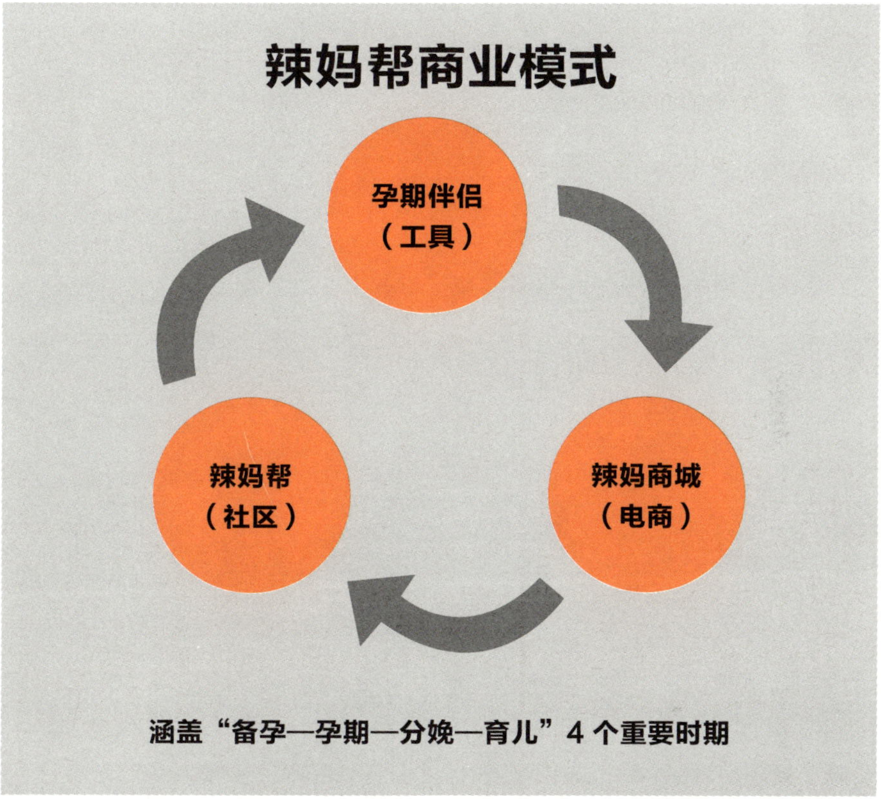

辣妈帮旗下的以上三个子产品实际上涵盖了妈妈们“备孕—孕期—分娩—育儿”四个重要时期，且都是让妈妈们在移动端上操作，已经形成了母婴市场领域“工具+社区+电商”的闭环。

辣妈商城已进行了一次基于社区用户做社会化电商的成功转型。

总结与回顾

辣妈帮

女性社群的力量

1. 辣妈互动
2. 专家团队互动
3. 辣妈商城

e袋洗：

升级服务，促进企业转型

洗衣服，是我们每个人都会面临的生活琐事之一。

在开始讲述洗衣服的故事之前，先回顾一下我们经历过的洗衣服的方式。

曾经，人们常在小河、小溪边洗衣服。也许你未曾经历，但是可以回忆某些古装片的镜头：一个美丽的妇人，先把脏衣服浸泡在河水里，然后提出来放在石板上，用木棒捶打，水花四溅……如此反复多次，直到衣服被洗净为止。这种洗衣服的方式，我们暂且称为“第一代洗衣”。

小时候，我记得人们是用木桶加搓衣板洗衣服，即先把衣服泡好，再把衣服放在搓衣板上，把该洗的部位在搓衣板上使劲来回摩擦，就能把衣服洗得干干净净。这种洗衣服的方式，我们暂且称为“第二代洗衣”。

随着科技的发达，人们发明了洗衣机，开始解放我们的双手，从半自动洗衣机到全自动洗衣机，有滚筒洗衣机，有波轮洗衣机，

还有带烘干效果的洗衣机……现在只要打开全自动洗衣机，把衣服放进去，洗衣粉倒进去，按下开关控制键，衣服就会被机器自动洗得干干净净。这种洗衣服的方式，我们暂且称为“第三代洗衣”。

洗衣机虽然为大家带来了方便，但是我们在日常使用的时候难免会遇到各种各样的问题，例如有些材质的衣服洗后会缩水，有些会脱线，西装大衣等洗完了还需要熨烫……还有我们平时很忙来不及洗衣服等。因此，各类干洗店、洗衣店陆续开业，我们已经开始把衣服送去洗衣店洗了。这种洗衣服方式，我们暂且称为“第四代洗衣”。

人就是这样，会不断享受偷懒的过程。懒惰是人类文明进步的

动力，因为懒得爬楼，人们发明了电梯；因为懒得走，人们发明了汽车；因为懒得去干洗店，加上人们又有了新的苦恼和需求，例如洗衣店的营业时间有限、来回取送衣服耽误时间、送取衣服的过程中还经常面临停车费高或找不到停车位的问题、洗衣店定价较高……于是催生了“第五代洗衣”。

2013 年 11 月，全国首家在线洗衣平台创立，首创了洗衣服的袋洗模式，即无论你有多少件脏衣服，只需将脏衣物装进指定的洗衣袋里，仅按照 99 元/袋计算，采取上门取件并在 72 小时内洗好送回的洗衣新模式，“第五代洗衣”正式问世，也称为“e袋洗服务”。

e袋洗服务，是荣昌洗衣连锁于 2013 年 11 月 28 日感恩节当天推出的一款互联网洗衣产品。

e袋洗服务，让荣昌洗衣连锁从传统洗衣企业成功转型。荣昌，专注于传统洗染业务，成立于 1990 年，旗下拥有“荣昌”“伊尔萨”

两大全国性洗衣连锁和“路迪”奢侈品养护三大品牌，目前全国连锁店近千家。

近几年，洗衣店市场出现不景气现象，原因包括店面房租不断上涨、洗涤纠纷不断、洗衣毛利高但净利低……传统洗衣店面临许多挑战，荣昌洗衣也迫切需要转型。2013年11月，e袋洗成立，传统洗衣店如此转型，无怪乎能受到投资人的青睐。2014年7月，e袋洗获得荣昌集团和腾讯的近2000万元天使轮融资；2014年10月，e袋洗又获得经纬中国、SIG[①]联合的A轮融资2000万美元；2015年8月获得了B轮1亿美元的融资，该轮融资由百度领投、A轮投资方经纬中国和SIG跟投；2016年1月，e袋洗开启众创平台。目前，e袋洗日订单量已突破10万，至今已经开通29个城市服务，拥有900万用户量，洗衣市场份额接近90%。e袋洗估值一跃达到5亿美元。

①SIG，是总部设于美国的大型金融服务公司，拥有超过10亿美元的自有投资资金，其中包括：风险投资和私募股权投资，公开市场投资，公开市场的股权衍生证券投资，其员工超过1400人，在全球主要地区均设有分支机构。SIG在中国的风险投资和私募股权投资活动通过海纳亚洲创投基金（SAI），SIG设于上海的全资境外企业来进行。

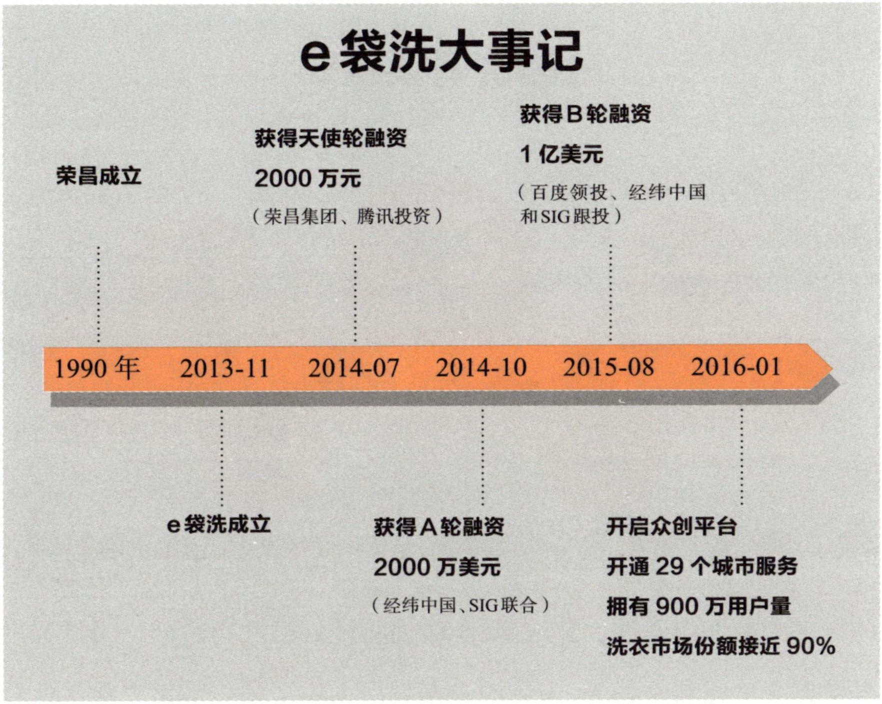

按“袋”收费

e袋洗的核心是基于本地洗衣实体店进行洗衣服务，本质上洗衣流程并没有多少改变，仍然专注于洗衣，但却是洗衣服务的升级，主要解决了洗衣客户懒得洗衣又懒得出门的痛点。

e袋洗简化了用户送洗衣物及取走衣物的老式送取洗衣流程，采用取送衣物服务模式。即客户预约上门取件，2 小时内有e袋洗专门

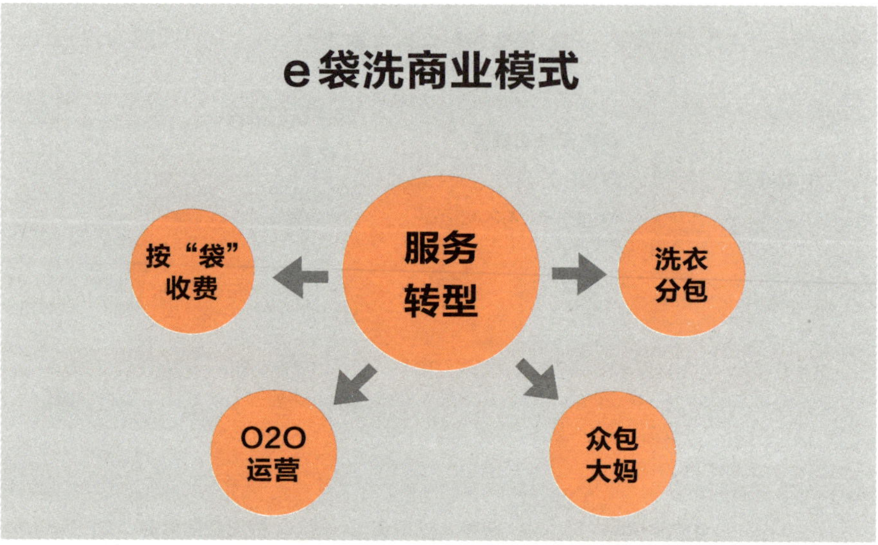

的取送人员上门取件，并在72小时内将洗好的衣物送回。为让客户享受更简单便利的服务，e袋洗在平台层面主要采用微信公众服务号及APP，洗衣用户可以通过移动终端下单。e袋洗更是简化了支付、交易流程，客户足不出户动动手指就可洗衣服。e袋洗对客户而言更加快捷，无须亲自往返取送，解决了顾客到干洗店洗衣停车难、送洗衣物交接时间烦琐等困扰。e袋洗实行全天上门服务，因此将不再存在店面营业时间不能满足顾客取送时间的问题。

在价格上，e袋洗的优势明显，因此非常吸引眼球。模式为“99元按袋计费”，每袋只要99元，相当于3~7折清洗衣物，且每件衣服都会经过精心的熨烫。与传统计件方式相比，这种方式更加简单，用户只需将袋子完全塞满即可，与件数无关。当然，e袋洗也有按件收费的标准，例如“按件清洗=9元/19元/29元每件”。同时，e袋洗各类优惠不断，例如e袋洗在特色“一袋99元”的服务基础上，发放洗衣优惠券，不断创新进行跨界营销，使用户保持很高的参与度。

种种优惠活动让洗衣用户节省了大量时间和金钱，e袋洗的诱惑无法抵挡。

坚持洗护“365标准”

前面已经介绍过，e袋洗是拥有26年洗涤历史的“荣昌”老字号的转型，因此，荣昌推出线上洗衣业务仅是模式与价值的升级，在服务理念和服务品质层面，e袋洗仍然坚持品质保证，坚持洗护“365标准”，用心为用户做高品质服务。

e袋洗推行的洗衣“365标准”囊括15道运营工序、5种洗涤方式、6套整烫消毒工艺、3层质量品控流程，保证了用户每件衣物的洗护品质。例如，送洗衣物进厂后会经过“进厂扫描—衣物复检—洗前分类—预去渍—清洗—干燥—整烫—质检—包装—送回”等一系列工序。

洗衣分包

例如，e袋洗人员取件时，会当面将装好衣物的袋子进行铅封，但现场不做衣物检查。待衣物送回清洗中心后，在高清监控的条件下去掉铅封，对衣物进行洗前检查和分类，全程视频监控。

例如，衣物清洗完毕后，e袋洗会采用挂送的方式将衣物送回，顾客所使用的袋子也将一同送回，以供客户下次使用。

这样的服务标准，会让洗衣用户觉得放心，洗衣质量有保证。同时，若衣物清洁出现问题，可以免费返洗，直到客户满意为止。

众包大妈

若发现洗护衣物丢失，客户进行投诉时，e袋洗也秉承直面投诉、良心服务的原则，以提升客户信任度。

共享经济

共享经济（sharing economy），也称分享经济，是指能让商品、服务、数据（资源）及（人的）才能等具有共享渠道的经济社会体系。[①]也就是民众公平、有偿地共享一切社会资源，彼此以不同的方式进行付出和受益，共同享受经济红利。

在业务运营方面，e袋洗重点推行洗衣“外包”轻模式，即依托洗衣实体门店的庞大群体，将e袋洗自身作为平台为线下合作门店引流，已有的实体门店负责日常洗衣工作，保证洗衣质量。同时，e袋洗也以平台形式整合国内顶尖品牌的洗衣店加盟商，共同建立洗护行业的服务标准，为顾客提供高品质的生活服务。

物流运营及管理方面，e袋洗以社区为单位，招聘当地社区人员作为社区小e管家,负责所居住的小区及附近小区的所有家庭住户的衣物取送，保证物流达到“最后500米”的配送速度，利用本小区人员与用户建立良好的互动关系。同时，“小e管家”的身份已转换为网上洗衣店的店主，收入自然与洗衣店的营业额挂钩，e袋洗许诺“30%+”的大比例提成，所以大多数“小e管家”都选择用心经营和努力推广自己的“洗衣店”，并且有了如此庞大的客户群体后，“个人微服务市场”就只是洗衣的自然延伸了，客户也可以同时享受到更多高品质的服务。

e袋洗目前已拥有了优质的在线洗衣平台，以及品牌、服务、品

① 陆首群:《分享经济是信息经济发展的典型创新2.0模式》。

控、培训等一系列平台资源，又有丰富的线下资源和成熟的推广模式……于是，e袋洗又开始开启共享经济城市合伙人计划，在全国招募拥有一定互联网资源、用户渠道拓展资源或洗衣行业资源的城市合伙人，力求共同发展。

e袋洗是传统洗衣行业的成功转型。

总结与回顾

e袋洗

省钱省事来一袋

1. 按“袋”收费
2. 坚持洗护“365标准”
3. 共享经济

小微律政：

运用数据，启动O2O自营模式

近几年，即便是再传统的行业如上文提到的洗衣业，似乎都需要与“互联网+”相结合。2014年、2015年，也是法律电商界风起云涌的两年，众多法律电商项目高调宣布拿到投资，创业者和投资人纷纷进入法律电商领域，并抱有很高的期待。

实际上，法律电商的项目最早出现在美国，例如：LegalZoom于1999年成立，2001年其法律服务网站上线运营，专注于为中小企业客户和家庭个人提供简洁、高效、廉价的一揽子在线法律服务。Rocket Lawyer于2008年成立，其会员通过参加一系列活动后就可获得各种法律专题的数百份文件模板，或使用“查找律师”工具找一个当地的律师来帮助自己解决法律问题。这两个电商项目就是国内法律电商项目的灵感来源。

近几年，随着万众创业浪潮的兴起，为创业者提供法律服务的平台陆续创立，如绿狗网、快法务、知果果网等，且大都已经完成了天使轮或A轮融资。

绿狗法律网，成立于2012年6月，是一家在线提供法律产品的互联网公司。2013年8月，绿狗网获得A轮千万元融资，投资方为晨兴资本、真格基金及戴志康。

知果果网，成立于2014年3月，是一家互联网化运作的致力于知识产权法律服务的平台，在正式上线提供商标免费注册服务的1个多月后，知果果网就获得了联想百万美元的天使投资。

快法务，成立于2014年4月，专注于为创业者提供公司注册、财税代理记账等一站式在线法律服务。2014年7月即获得数百万美元A轮融资，2015年10月又获得千万美元B轮融资。

小微律政，成立于2014年12月12日，也专注于为创业者提供公司注册、财税代理记账等一站式在线法律服务，小微律政在上线前，就获得了来自蓝驰创投和58到家CEO陈小华的百万美元的联合投资。

小微律政，由北京佶象信息技术有限公司、小微律政（北京）管理咨询有限公司、小微律政（深圳）管理咨询有限公司、北京小微律政登记注册代理事务所（普通合伙）共同组成，是一家运用O2O自营模式、专注为创业公司及中小微企业提供在线法律服务的互联网公司，也是一家综合性法律、财税服务机构。法律服务的覆盖范围包括公司注册、商标注册、代理记账、社保公积金开户及代

缴、变更登记、股权出质、VIE架构搭建等一站式法律服务。总部设在北京，业务覆盖北京各区域，并在深圳设立了分支机构，目前团队成员已达130多人。

一站式法律服务，既可以为创业者提供更迅速、更贴心的法律服务，更可以减少人力成本，让创业者把更多的时间和精力专注在创业上。小微律政更支持微信下单，实时通过短信、微信向客户通知服务进度，为客户高效办事。因此，确实获得了许多创业者的依赖和青睐。

法律专业O2O服务

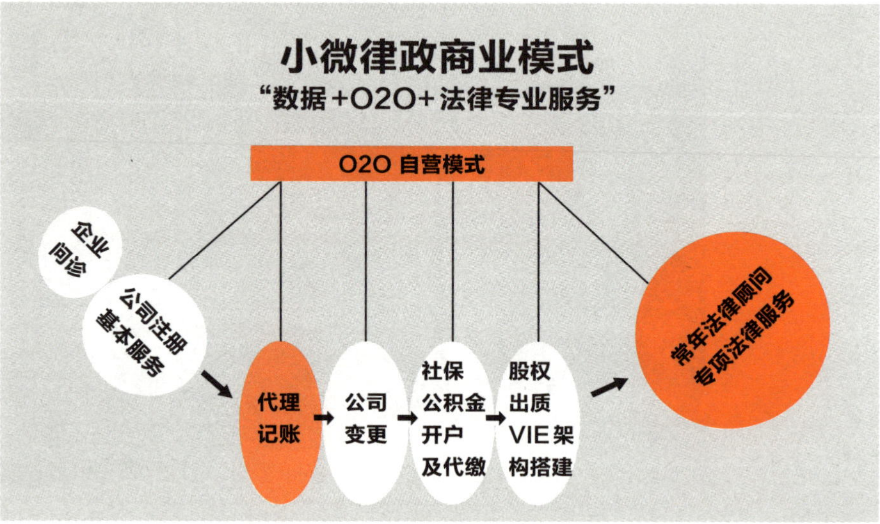

小微律政，并不选择难度很高的法律服务，并不直接对客户提供法律意见，也并不以UPL模式（主要指无律师资格者从事法律实务）进行经营，却选择为创业者服务，选择频次高的泛法律服务。小微律政前期为创业者提供专家顾问免费创业问诊服务，包括资深顾问一对一解答，后期为创业者提供基础法律、财务服务。

O2O 自营模式，是指小微律政有专门的业务专家顾问团队和服务顾问团队，因此在提供法律专业服务的时候，已经去除了中间代理的各个环节，直接发挥现代互联网手段和线下人力资源相结合的优势，直接为创业公司提供各种法律服务。O2O 自营模式，意味着已经无中间收费，价格优势非常突显。

低价的一站式服务

小微律政提供的法律服务以低价著称，且经常还有各类优惠活动，以吸引更多的创业公司或中小微企业能够关注并接受小微服务。因此，不到半年时间，即在 2015 年 4 月，小微律政月销售额首破 100 万，在北京市月代理注册公司中排名第一。

小微律政的服务价目表

项目	价目表
公司注册	598 元
内资变更	598 元
代理记账	900 元
商标注册	800 元
计算机软件著作权	700 元
增加注册资本	598 元
公司名称变更	998 元
股东名称变更	598 元

如果创业公司前期没有注册地址，小微律政还可以协助提供办公地址，例如广渠路集中办公区、望京西路孵化器、丰台南四环西路孵化器等，注册地址的费用每年3000元~6000元价格不等。

近期，小微律政推出了“内资有限公司+注册地址”服务（仅限北京朝阳地区）的优惠特价套餐。公司注册和注册地址套餐价格为3988元，服务范围包含了核名、取得营业执照、刻制印章、一年时间的朝阳注册地址。办理后公司可以取得新版营业执照（正副本）、公司章程、房屋租赁合同、公司印章（公章、财务章、合同

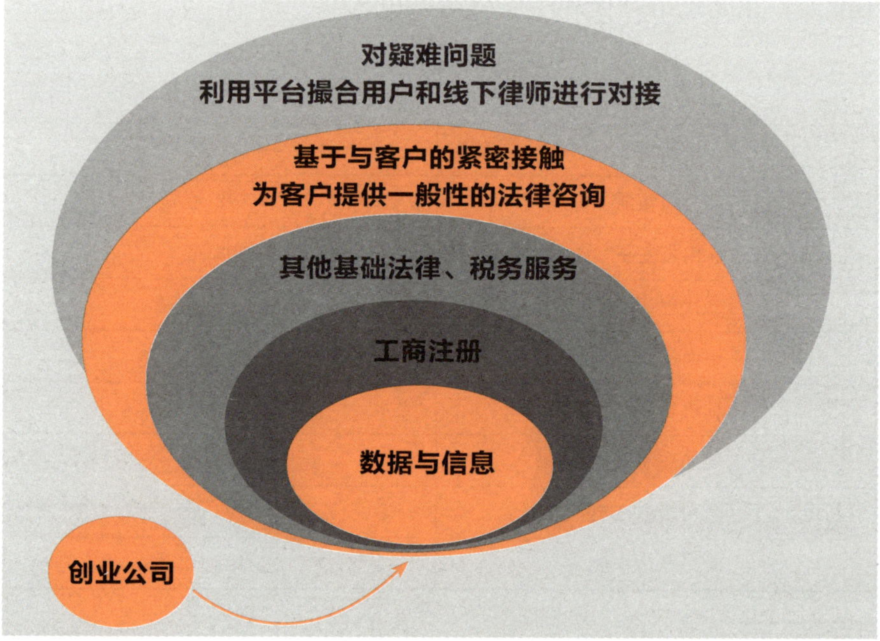

章、发票章及法人人名章）及印鉴留存卡。并保证20个工作日极速出照，高效便捷，让身为客户的我们有种尊享VIP独有服务的感受。

三方共赢生态

如此低价且专业的法律服务，是天上掉馅饼吗？

小微律政也会与客户签署保障保密协议，对每位客户的信息保密，以保障客户的个人权益。

那么，小微律政未来的目标在哪里？未来的盈利点何在？

实际上，小微律政前期的一站式法律服务，甚至免费服务，只是其企业级客户的入口。通过优质的服务，小微律政拥有大量的企

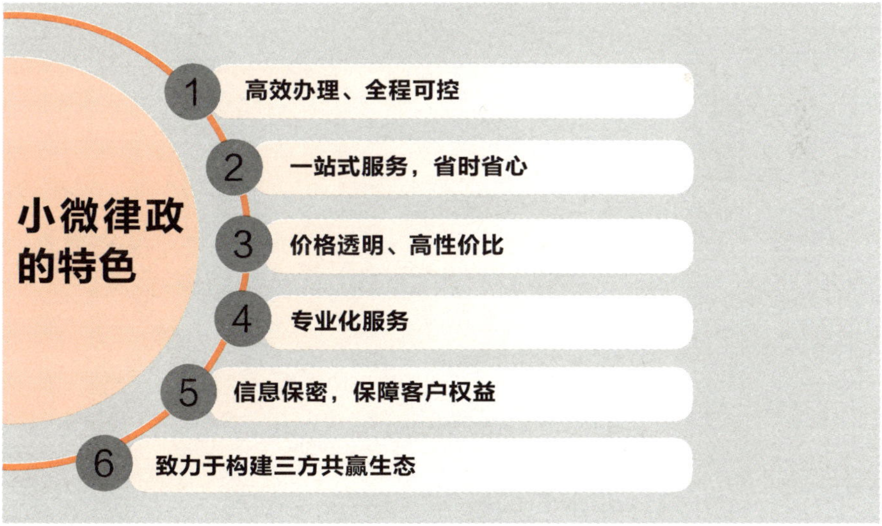

业数据信息，便可以进行后期及跟踪式服务，包括常年法律顾问及专项服务，或基于与客户的紧密接触，为客户提供一般性的法律咨询，若还有疑难问题，则可以利用平台撮合用户和线下律师进行对接。例如，2016 年 1 月 12 日，小微律政与List Plus 孵化器合作，旨在帮助科技创业企业入驻中关村创业大街。

换句话理解，小微律政在给创业者带来低成本、高效率的标准化、极致服务的同时，也在为更多优秀的法律工作者创造更多的就业机会，这无异于改变了传统法律服务行业的服务模式。

总结与回顾

小微律政

O2O自营法律服务的探路者

1. 法律专业O2O服务
2. 低价的一站式服务
3. 三方共赢生态

流行美：
个性服务，提升产品价值

一个卖发饰的商店可以在中国开设4000个分店，年销售额超过10亿元，这种成功与当下最流行的互联网无紧要关系，而这也是我选择它作为案例研究的原因。

“流行美”，是广州流行美时尚商业股份有限公司旗下的发饰、化妆品品牌，目前已成为集研发、生产、销售和服务为一体的规模化连锁企业，拥有4000家专卖服务终端，遍及全国30个省市自治区、330个城市，在全国设立五大销售中心（广州、苏州、武汉、成都、北京），事业发展速度相当快。

让我们看看流行美的发展历程。1998年，流行美诞生于佛山百花广场，开创了流行美品牌新纪元，同年进行了商标注册。2002年，流行美改变经营模式，引入“一次购买，终身免费服务”的理念，把发型服务提高到了一个战略高度：终身免费。2009年9月，流行美吸引联想进行千万美元量级的投资，是国内美饰零售行业的第一笔风险投资。2011年，流行美在全国的开店规模突破2000家，年

流行美店面与服务

销售额达到亿级。流行美曾先后获得“最受消费者信赖品牌”“中国特许经营连锁120强”等多个权威奖项，创盘发吉尼斯世界纪录，有着广泛的知名度和良好的口碑。

不难发现，流行美自2002年提出“一次购买，终身免费服务”的理念后，进入了一个高速发展的新时期。

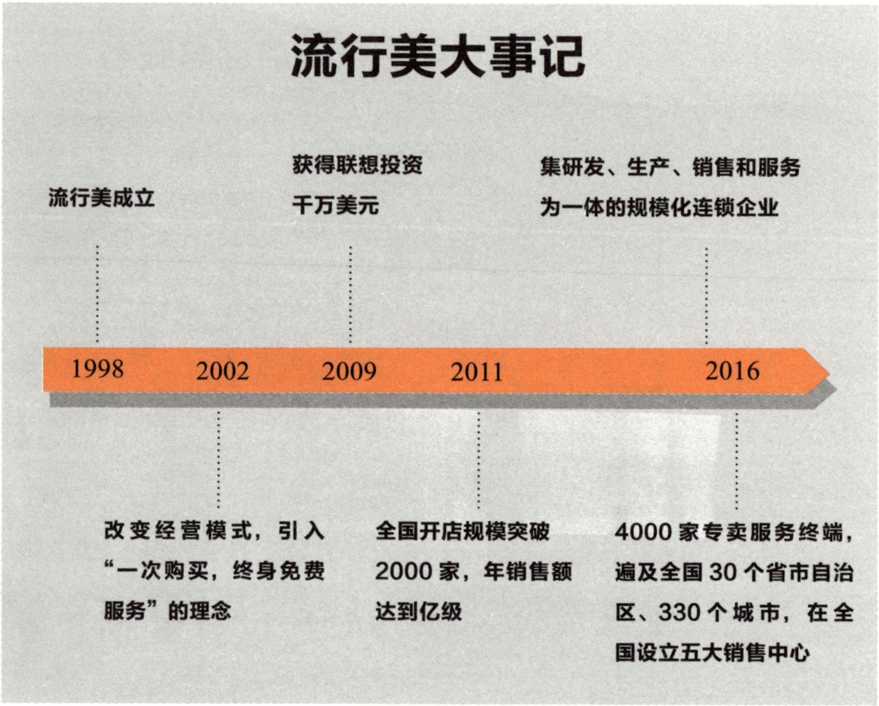

终身免费

流行美发展如此迅速的最大原因，在于其体验式营销，即以“产品+服务”这一独特的体验式营销模式，打开发饰“小”领域的“大”市场，使“流行美”成为行业领先品牌。

“一次购买，终身免费服务”的理念，即“一次发饰消费，长期免费盘发”，这已经成为流行美区别于其他竞争对手的最大特色，大

大提升了流行美的产品价值。流行美的产品不再局限于发饰本身，而是包含了发型设计、盘发服务等超值的享受。这样的服务，会保持客户的长久性、持续性、联动性消费。

由于此模式是流行美公司首创，顾客只要在其终端店购买其产品，就可以享受终身免费的造型设计等服务，因此，这种体验式营销便被称为“流行美模式”。

纵向延伸

流行美发饰受到都市女性喜爱后，紧接着又推出造型顾问服务，即为购买发饰的都市女性提供长期优质的产品及从发型、妆容到肩

流行美特色

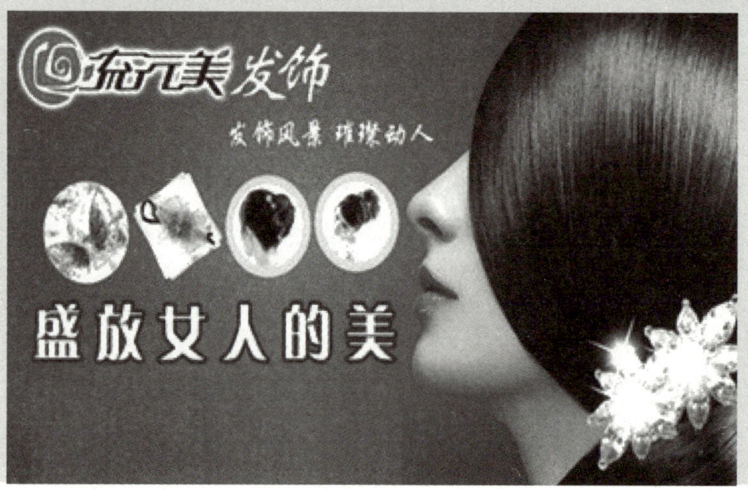

部以上整体造型的个人形象服务。因此，流行美开始聘请自己的化妆师、造型师以强化服务模式，试图将造型顾问服务打造为核心竞争力。

另外，流行美并不局限于销售发饰，而是开始创造产业互动盈利模式，即整合设计、生产、使用者各个环节，把美发、化妆、造型和发夹销售紧密联系起来，因此，现在进入流行美发饰店，我们也会看到其他饰品和化妆品。

“保姆管理”

流行美作为连锁企业，拥有4000家专卖服务终端，遍及全国30个省市自治区、330个城市，这样庞大的加盟商群体，管理是一门大学问。

对于加盟商，流行美会手把手地教其找铺位、招聘、做生意的诀窍；对于新店，流行美会派导师进行15天新店带动活动，包括化妆、沟通与销售技巧等，导师在活动期间要确保加盟商2000元/天

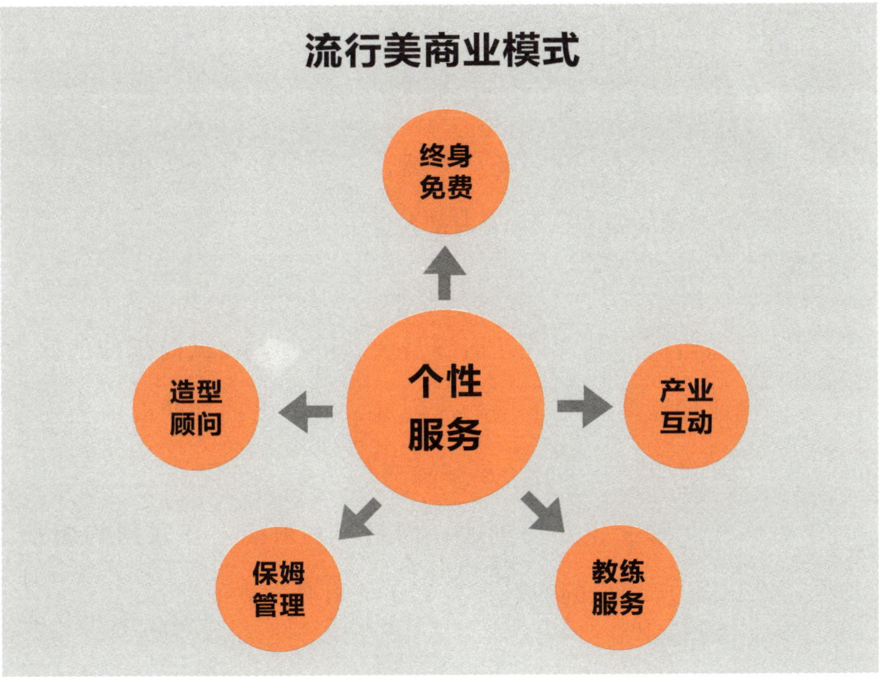

的销售额。

另外，流行美在北京、成都、武汉、苏州、广州划分了五个管理中心，这五个销售大区都配备了培训、业务、销售队伍，按区域一层一层地划分下去。一般来说，每30个店就会有一个专门的专管员，他们负责日常的店铺规范管理，以及对加盟商经营当中碰到的困难给予指导和帮助，一层一层地分级管理。

流行美每年给加盟商提供不少于三次的培训，包括入门培训、提升培训、反复体验等，如果是有了二三十家加盟店的“老”商人，将对其进行公司化运作培训，细到招聘的表格、公司规章制度、薪酬设计，甚至到如何开好一个会等。细数下来，流行美一年对销售队伍培训的场次就有200多场。当然，流行美自身每年也固定投入不少于1000万元的资金，用于内部员工培训。

虽然流行美95%的店都是加盟商，但“保姆管理”与“教练培训”保证了加盟商的满意度，而终身免费的模式和纵向延伸的探索与思考，也让加盟商增添了信心。因此，流行美的加盟商流失率非常低，甚至大的加盟商没有一家“叛变”。

总之，并非每家企业的创业、创新都必须插上互联网的翅膀，归根结底是要解决用户的痛点，找到适合自身发展的路径。

总结与回顾

流行美

一次购买，终身免费服务

1. 终生免费
2. 纵向延伸
3. 保姆管理

MAKE

MONEY

赚钱

PART 3 圈层营销

诚品书店

峰人院

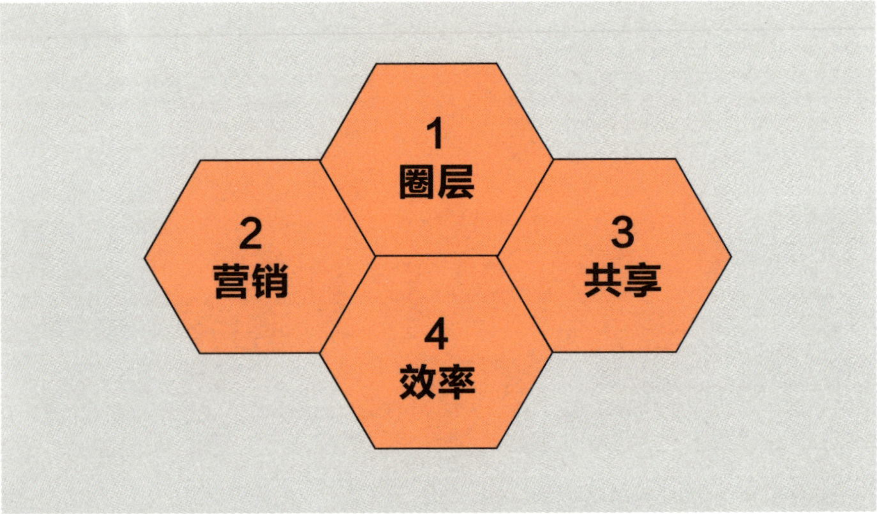
1
圈层
2
营销
3
共享
4
效率

圈层营销，简单理解就是在项目营销过程中，把目标客户当成一个圈层，针对他们进行一些信息传递、体验互动，进行所谓的精准化营销。

圈层营销，作为一个营销术语的概念已经在地产行业流行一段时间了，基本操作原则就是“高端化、小众化”，类似于文本营销、活动营销，例如定期举办高尔夫比赛、品质鉴赏酒会、网球比赛之类的活动。深圳的“星河丹堤”地产项目，圈层定位为“CEO官邸”，因此这个项目取得了非常大的成功。

实际上，大家对圈层的理解似乎有失偏颇。圈层是对阶层分化的社会背景下，自然产生的相对中高端的特定社会群体的概括。它可以是广义的一个具有相同社会属性的阶层，也可以是一个区域内本身具备很强的社会联系、社会属性相近的群体。圈层化是社会发展的必然特征，这其中会产生明显的多个阶层的分化，也会产生同一阶层的有机融合，同一类人群具有相似的生活形态、艺术品位，很自然就会产生更多联系。这种圈层化和圈层运动的最初表现是欧洲近代产生的“文化沙龙”，作为一种社会性的圈层，它的稳定性比今天的营销性的圈层更强。①

---

① 摘自360百科：圈层营销。

圈层营销应该与青年风潮、产品性价比挂钩，而非仅仅局限于地产营销或奢侈品营销中，仅单纯地与奢华、时尚的项目价值要素挂钩。

那么，圈层营销如何具体展开?

一、找到圈子，通过产品定位和细分市场精准划圈。

二、寻找圈中重量级人物及意见领袖，使其产生认知度。

三、挖掘核心渠道来源，进行针对性营销推广。

四、开展针对性的圈层活动，激发高品质活动的品牌效应。

五、付出时间和精力，对圈子进行维系和保养。

据我理解，台湾诚品书店的成功就是文化圈层、圈层营销的典型案例。

诚品书店：

成功源于族群共享

诚品书店，是台湾地区著名的书店，于1989年在台北创办首家店开始，本着“人文、艺术、创意、生活”的初衷，发展为今日以文化创意为核心的复合式经营模式，拥有21万种书目，850万册的丰富藏书，46万种文具、影音等各式非书商品，诚品书店已经成为台湾著名的文化产业坐标之一，许多旅游者去台湾旅游也只是为了去一趟诚品书店。

诚品书店在创始之初，以“专业、人文、艺术”为品牌核心，后来通过人与空间、活动的互动积累，发展出了不同的场所精神和

经营内容。目前业务板块已扩展至画廊、出版、展演活动、艺文空间和课程、文创商品，以及地铁站、医院、学校等诸多行业，并延伸至商场开发经营和物流中心建置等专业，塑造了城市中不同角落、不同内涵的文化氛围。

1989年，第一家诚品书店在台北成立。同年，诚品画廊、诚品酒窖、诚品Café成立。1997年，诚品讲堂开讲。1998年，诚品台北车站捷运店开幕，诚品书店正式进驻大众交通通路系统。1999年，诚品书店敦南店开启24小时不打烊的创新经营模式。2001年，“诚品网络书店”成立。同年，诚品开发物流股份有限公司成立。2003年，诚品台大医院店开幕，首度进驻医疗服务领域。2009年，诚品与台北市立美术馆合办《蔡国强泡美术馆》当代艺术展。2010年，诚品生活股份有限公司成立，诚品文化艺术基金会成立。2012年，诚品跨出台湾，在香港开店。2013年，诚品生活股份有限公司挂牌上市，定位为台湾“生活产业与文创平台”之企业，诚品书店开始涉足表演厅、艺术电影院等新经营业态。2014年，诚品首度跨界创作人文住宅“诚品居所”。2015年11月29日，大陆首家旗舰店（第43家诚品书店）开业，位于苏州工业园区月廊街8号。

以上，就是诚品书店励精图治发展的27年。实际上，在诚品书店的前15年里，每一年都是赔本经营，然而其董事长吴清友先生却始终坚持走文化与商业融合的道路。事实证明，诚品书店从连续亏损 15 年到今天拥有 46 家门店，走到今日才真正释放出了其商业价值和社会价值。

在研究诚品书店的成功之前，我们先要了解下诚品“Eslite ”的由来：诚品的英文名称“Eslite”是由法文古字引用而来的，为“精英”之意，意指每一个努力活出自己精彩生命的人。诚，是一份诚恳的心意，一份执着的关怀；品，是一份专业的素养，一份严谨的选择。取名诚品，代表着对美好社会的追求与实践。诚品的核心价值就在于八个词：人文、艺术、创意、生活、善、爱、美、终身学习。

我们再看诚品书店的发展史，不难发现，诚品的每一步发展，都

是在将人文、艺术、创意、生活、善、爱、美、终身学习的核心价值进行融会贯通。

1995 年诚品书店搬迁，是因为其今后多元化的文创产业内容需要更宽敞的空间来承载。

1997 年诚品讲堂开课，搭建了一个知识交流的平台，并开启华人社会民间讲学的新风气，文化内容包括空间与建筑、说书、哲学、历史、趋势、电影、生活风格、艺术、文学、音乐等领域。目前已累积讲课 2500 次，邀请 600 位专家、学者授课，超过 23 万人次付费参加。

同样，读书是不分场合的。

为了给旅人提供便捷快速的阅读服务，1998 年台北车站也开启了诚品书店。

为了满足民众零时差城市阅读生活，1999 年诚品书店敦南店开启 24 小时不打烊的创新经营模式，来服务爱阅读的朋友们。

为了使阅读服务增值，2001 年诚品网络书店成立，突破时空界限，通过网络进行在线阅读服务。

为了让网络书店的客户感受到更好的收书服务，展现诚品全方位通路物流及信息系统的专业整合能力，诚品又开发了物流公司，并与新华书店合作。

为了给病患、家属、医疗人员提供身心安顿的阅读和餐饮服务，2003 年诚品台大医院店成立，首度进驻医疗服务领域。

为了吸引更多人到访和阅读，2006 年诚品将书店开在经贸精华区位、连通地铁站的绝佳地段，每年吸引超过 1200 万人次到访，成为华人社会指标性的文创交流平台。

为了延伸自身的核心价值和能力，诚品以推广阅读为核心使命，让阅读的种子在台湾的每一寸土地落地、生根、发芽、成长，使人人“有书读、爱读书、读好书”，2010 年，“诚品文化艺术基金会”成立。

为了让更多爱读书的朋友们受益，诚品书店开始走出台湾，于2012年在香港开业，又于2015年在苏州开业。

在电商和电子阅读的冲击下，诚品书店却未曾没落，反倒扭亏为盈，发展到46家，确实值得深思。

24 小时不打烊

在实体书店不敌网络书店竞争而纷纷倒闭时，诚品却成为台湾独特的文化现象，其给予我最深的印象就是“24小时不打烊”。为了满足民众零时差城市阅读生活，创立了24小时不打烊的创新经营模式，诚品书店敦南店一直实行至今。

24小时不打烊，是诚品书店的特色，更是诚品书店为阅读爱好者提供的优质服务之一。其优质服务还包括：座椅安排、畅销排行榜、推荐图书、活动告知、精品展示、会员服务等温馨服务。

诚品书店会尽可能地为爱阅读的朋友提供阅读空间，例如面积达 4.5 万平方米的信义店分为 8 层，包括楼上 6 层、楼下 2 层。二楼以新书、杂志为主，重点展示了 5000 种以上设计、艺术类杂志，特别是外文类杂志库存丰富；三楼文史类、教育类、心理类、社科类书籍分类更加详细。并且在书店的各个位置，都安排了或长或短的座椅供阅读者使用，干净的地板也可以让正在阅读的读者坐在地上。

诚品每家店面的显著区域及每个分类商品的区域，都会有畅销图书排行榜，即不同类型的书籍会按销售数量从 1 到 10 排序，为读者选书提供参考，并且书籍直接在排行榜上就可以取到。书籍的货架上，往往能看到温馨的图片、一盆葱绿的植物，或者手工制作的小艺术品。当然也包括很多有创意的物品，具有艺术性和观赏性，很吸引眼球。

诚品书店还设立了专门的推荐书专区，员工也会把优秀的书籍和出版社重点推荐的书籍举荐给读者。

经过系列申请，读者可以免费成为诚品的会员，会员可对畅销书享受 7.9 折优惠，对新书和文具等商品享受 9 折优惠。因为诚品书店有自己的物流系统，所以一般图书在下单后的第二天就可送达；部分文具或者食品等商品，也可以由门店给供货商下单，之后直接由供货商配送到门店。

诚品书店设置了一个月度总体活动告知牌，罗列了当月每个活动的主题、时间、地点和主要内容，方便读者根据自己的喜好安排时间报名参加。

谈及诚品书店的各项服务，我乐意娓娓道来。再例如，为了杜绝发生用户随意更换位置引发的拥堵情况，诚品书店做到了用户体验上的细节惊喜化，在收银柜台使用了类似机场办理值机的回型排队带。此外，诚品书店在店内多个位置都设有查询终端机，让读者可以随时便利地查询商品。同时，店内还设立了多个查询点、收银处、会员服务点，这样更便于用户的引流。

员工的积极性和稳定性，也会更促进客户服务的细致化和温馨化，因此，诚品书店有自己的员工激励系统。例如对于推荐图书销售业绩好的员工，门店会给予相应的物质激励。诚品的门店管理人员大部分是由书店内部员工提拔的，平均年龄在 30 岁左右。当有职位空缺时，员工可以提出申请，通过考核就可以晋升。因此，在诚品书店，员工可以清晰地看到自己的成长路径，知道自己发展的方向，无怪乎诚品连续八年（2006~2013）获得台湾 *Cheers* 杂志“新世代最向往企业 TOP100”调查的前 5 名。

连锁不复制

在深圳文博会文化贸易国际论坛上，台湾诚品股份有限公司副董事长吴旻洁分享了经验：坚持连锁不复制的理念，做以阅读为出发点的城市文化综合体。吴旻洁说："连锁、不复制，我想是很好的形容。以台湾诚品为例，大家会看到有600平方米的，也有5万平方米的规模，我们会根据当地的风格做规划。"

诚品书店开店一直坚持多元运用书店空间、"连锁但不复制"的原则，从阅读出发，让人们在书与非书之间，体验人文、艺术、创意与生活的美好。因此，每一家诚品书店自身也在不断变化，有着

自己独特的主题。

例如，诚品敦南店设立的“诚品儿童书店”，是为孩子构筑的全方位陪伴孩子成长的阅读小天地。书店内涵盖了儿童刊物、绘本、青少年读物、影音、益智玩具等项目，并定期举办多元化的儿童书展、亲子讲座、童书达人分享会、DIY体验和艺文生活教育等活动，通过多元化的活动推动小区和家庭阅读，让儿童在富有童趣的环境中享受阅读。

例如，诚品书店曾举办“我心目中的理想书店”征文活动，部分读者提出了厨房与书店结合的灵感。于是，信义旗舰店三楼的生活风格书区就为此设立了“诚品COOKING STUDIO”，每周五下午按时推出“阅读现场·寻味玩食”特色食谱推荐、烹饪实演活动，在群书环绕的空间中，不仅邀请中外美食家、各国料理名厨现场示范烹调，更邀请读者现场共同品味美食。这一创意，再次打破了书与非书的界线，形成了自己的特色。

再例如，“诚品音乐馆”与“诚品音乐黑胶馆”，成为爱乐者的享乐殿堂，满足爱乐者的听觉与收藏渴望。

连锁并不复制，让诚品书店不断发展成为一个结合学习、信息、建筑、戏剧、舞蹈、音乐、摄影、美术、文学、设计的综合书店，由此延伸产生了诚品书店的自营品牌，如“诚品儿童书店”“诚品音乐馆”“诚品音乐黑胶馆”“诚品文具馆”“诚品精品文具馆”“诚品网络书店”“living project”“诚品设计”“诚品知味”“blackpages CAFÉ”“COOKING STUDIO”等，且各有特色。

大陆的苏州、上海两家店的定位、呈现方式也都有所不同，有其自己的特色。

连锁不复制，是诚品书店成功的秘诀，不同的创意可以吸引更多的人来到这个平台，去创作、去发挥光彩。

复合式经营

纵观诚品的发展及历史，其已经打破了传统书店的经营模式。诚品在拥有了多年奠定的品牌基础后，注入复合式经营思维，成功地走出一条集书籍、商品与零售的“组合式”经营模式。诚品并不完全依靠书本，而是围绕着阅读为核心，发展其他生活业态。

诚品书店会根据每个店的大小，将图书销售区的面积规划到总经营面积的20%~90%不等。例如在台北市信义、敦南及火车站的大店，图书销售区只占到总经营面积的20%~30%，其他销售区域则用来发展服装、箱包皮具、文具、家具、化妆品、手工艺品、美食广场、餐饮名店、艺术品、玩具、亲子乐园、艺术培训等多种业态。这些业态的引进，不仅增加了诚品的租金收入，更大大提升了诚品

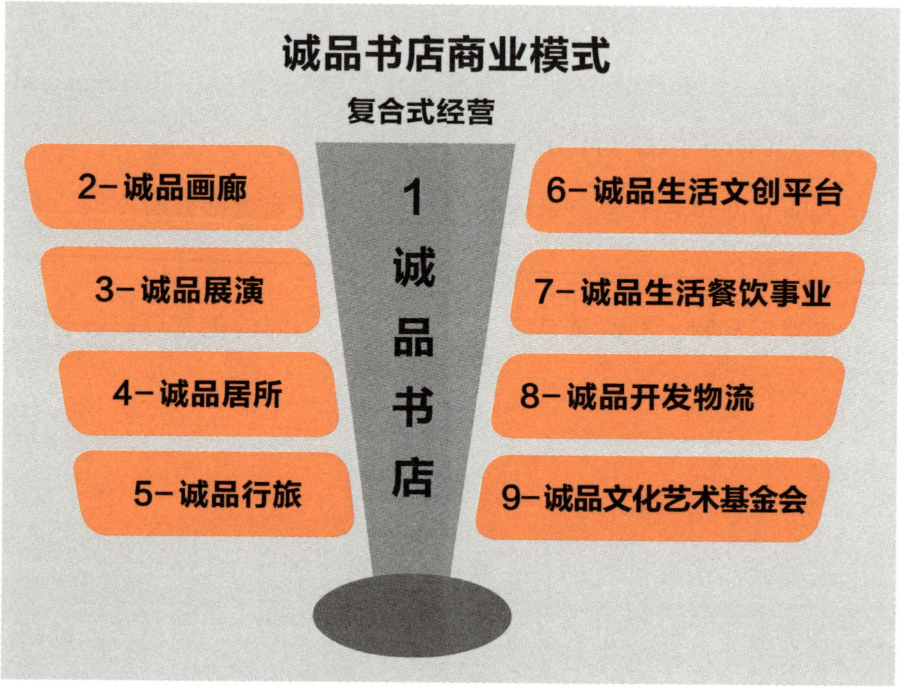

的服务功能，让到店的消费者有更多的选择，更提升了诚品书店的集客能力。

我们可以说：在诚品书店，任何爱书人和逛街者都能找到自己生活诉求的共振连接点。

“诚品画廊”，以推动亚洲当代艺术与扶植华人当代艺术家为宗旨，专门代理展览中国台湾、中国大陆、东南亚、日本、欧美等地的卓越艺术家的作品。2013 年，其启动了“两岸青年艺术家”计划，每年邀请两岸的优秀策展人于夏季在台湾与大陆各规划一档展览，成为两岸文艺交流的重要桥梁。

“诚品展演”，每年举办超过5400场文艺活动，经营“诚品讲堂”“诚品电影院”“诚品表演厅”等场域，成为文艺表演者创作发声、共筑梦想的舞台，民众及表演团队发表创意的平台。

“诚品行旅”，第一家整合人文阅读、文创展售、音乐电影、绿意自然、体验生命感动为一体的旅馆，所谓“读万卷书，行万里路”。

“诚品生活餐饮”，专门为企业用户建构餐厨设备，提供专业规划和工程服务，并发展出多元的餐饮事业。

诚品开发物流，为读者提供更广阔便利的服务，打造全方位通路物流，提供准确、准点、准时的精致化物流服务。

“诚品文化艺术基金会”，让知识之光照亮偏远地区。至今，已转赠超过98万本书，所到的地方超过2000个。

……

诚品从书店、画廊、商场，发展到餐饮店、电影院、酒窖，已由一家书店成功演变为包罗书店、设计商店、创意商品、餐饮乃至商场的复合组织。

诚品的店面从街道发展到地铁、医院、旅馆、学校，从实体店卖书发展到网络、物流，从只有一家台湾敦南店，做到现在港、台、大陆都有其书店，并延伸至商场开发经营……诚品书店已不仅仅是书店，而是已经从书店延伸至文创、艺文的各个领域。

诚品，正在以文化创意产业为根本，进行复合式、多元化的通路经营，践行其核心价值：人文、艺术、创意、生活、善、爱、美、终身学习。

成功，源于族群文化、组群共享。

总结与回顾

诚品书店

成功源于族群共享

1. 全天 24 小时不打烊
2. 连锁不复制
3. 复合式经营

峰人院：

家居人的自由联合体

“峰人院”是峰人科技（北京）有限公司旗下的移动互联网学习平台，伴随着“互联网+”的发展趋势而诞生。平台于2016年5月8日正式上线，上线不到3天，就有8万多人关注，在家居建材行业引起不小的轰动。

峰人院定位为家居人的移动商学院，目的是解决家居建材行业从业者的学习痛点，秉承着“正念、正行、正能量”的核心价值观，以打造家居人学习自由联合体为使命，以成为家居人知识社区为愿景，携手1500万家居人共同成长。

自2015年起，因为房地产的发展明显放缓，家居建材行业也受到了很大的影响，再加上互联网的冲击，众多知名家居厂家、商家和卖场还未来得及转型就纷纷倒闭关门，未能幸免于难。但是，现存的企业和商家也在面临诸如“进店客流少”“业绩不如其他品牌”“员工跟单能力差”等问题，在经营、管理、团队方面都亟须再上新台阶。

中国家居建材行业目前有十多万家企业、三百多万家经销商，以及一千五百多万从业者。然而，员工普遍缺乏专业能力和综合素质——解决专业

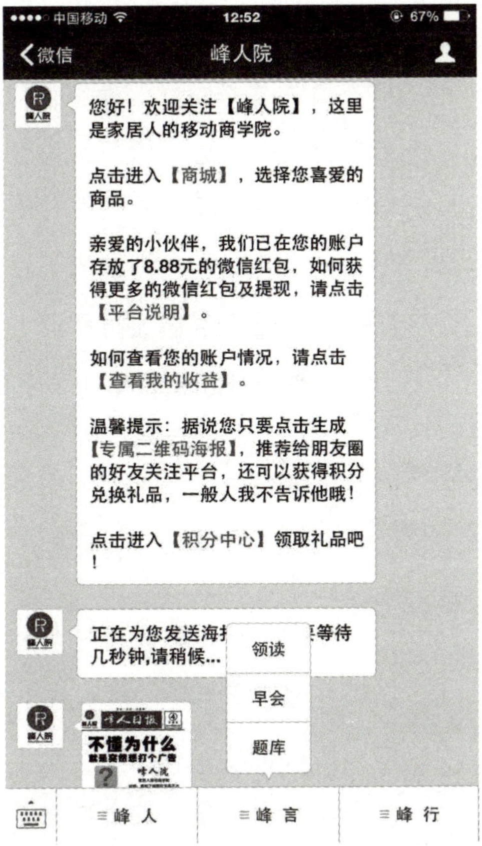

问题、与顾客深度交流的思想和语言，这是提升业绩、行业发展过程中首先要解决的问题。然而，传统的学习形式有以下三个弊端：学习成本高，一节课费用达数千元到数万元；时间成本高，距离开课地点数百公里；落地效果差，课上热情满满，课后持续学习不足。但是，峰人院平台则解决了这些传统培训学习形式中无法避免的问题，同时也为家居建材从业者提供了一个实时在线学习的平台，并以每天 1 元的超低价格让最基层的员工也能负担得起。

学习内容丰富

峰人院平台内设有三大学习板块：领读、早会、题库。

领读内容由家居建材业著名专家亲自解析，所选书籍都是当当网推荐的热销书籍。日本每年人均读书 45 本，中国人均不足 10 本，而家居建材从业者每年不足 1 本。知识储备的匮乏直接导致从业人员专业能力不足、综合素质不高、职业发展受限等问题。读书补天然之不足，经验又补读书之不足，通过读书与实战的结合，可以让从业者的素质提升到一个新高度。

《超预期》这本书解析了互联网思维的全新商业玩法，撬动小米 4 年 450 亿美金估值的核心支点，为很多企业在营销和口碑方面都提供了借鉴和参考。在“领读”里，专家重新解读本书的核心思想，用十几分钟的时间，从如何塑造口碑、如何把服务做到极致、如何理解客户的真正需求等方面切入，把书中的经典理论、自己的理解感悟与生活中的实际案例结合，将枯燥的理论知识变得通俗易懂。同时，与家居建材行业相结合，为从业者点明了清晰的方向。

早会内容由业内实战经验丰富的老师每日进行语音分享。一日之计在于晨，员工一天的状态好不好，关键在于早上的集体动员工作，但是现实中大部分的早会都缺乏互动、内容单调、激励流于形式，甚至有的店面不开早会。而峰人院的早会打破以往单一的早会形式，内容丰富、寓教于乐，提供多样化的互动环节。

“龟兔赛跑”的故事大家一定都听过，在早会的内容中，兔子和乌龟又进行了新一轮比赛。在新一轮的 9 次比赛中，由于兔子的骄傲轻敌、失误犯规和鲁莽愚钝，以及乌龟的屡出奇招、剑走偏锋和聪明多技，乌龟再一次出奇制胜！通过对这 9 次比赛情况进行分析，可以得出一个结论——想把任何一件事情做成功都要具备 7 个条件：努力勤奋、选对方向、巧妙避开陷阱、发挥自身优势、整合各方面的资源、控制好自己的情绪和利用竞争对手的力量。只有想不到，没有做不到。只有知己知彼，才能有无限的可能。

题库内容收录了经营、管

理、促销、终端销售过程中最经常遇到的数百个问题及应对方法，例如“导购笑脸相迎，顾客一言不发”“顾客进店快速转一圈，什么也不说转身就走”“顾客说没听过我们的品牌”等基本让所有导购都很头疼的问题的解决方法。所有的问题全部是由业内实战经验丰富的专家老师亲自解答，不用走出店面，也能学习到最实用、最接地气的成交话术和销售技巧。

除了有专家老师总结的问题外，平台内还设有在线提问入口，会员可以把自己遇到的问题即时提交到后台，专家老师将会有针对性地进行回复和解答，并将问题和答案收录到题库后续的问题中。

据悉，已经有上百位经销商老板将题库问答作为员工日常考

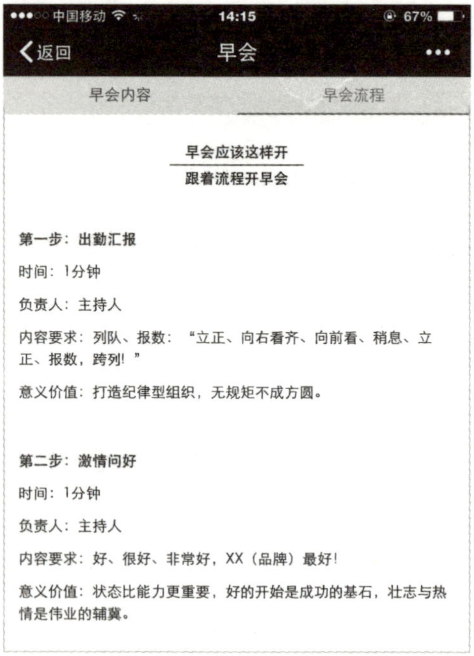

核中的一部分。店员在平台上自主学习、背诵演练，由老板或者店长进行结果验收，并通过店员对内容的掌握程度进行评判，作为学习成果考核的标准。人都是有惰性的，也许一本书买来一个月都没翻过一页，也许计划好的旅行被慢慢淡忘，也许成了峰人院会员却连一段完整的音频都没听完。这种考核方式恰恰避免了以上问题的发生，高效利用了平台资源！

移动互联网时代是效率的时代，因为整个世界碎片化了，用户、行业、时间都碎片化了。数据表明，普通人平均每 6.5 分钟就会看一次手机，发微信早已取代了发短信，看微信文章取代了看书，移动互联网已经改变了人们的生活方式。峰人院的三大学习板块全部是音频形式，节省了读书、参加培训课程的大把时间，巧妙利用碎片化时间，不受时间、地点、环境等因素的限制，为家居建材从业者提供了一个足不出户也能学习成长的平台，致力于提升行业整体素质和水平，携手 1500 万家居人共同成长。

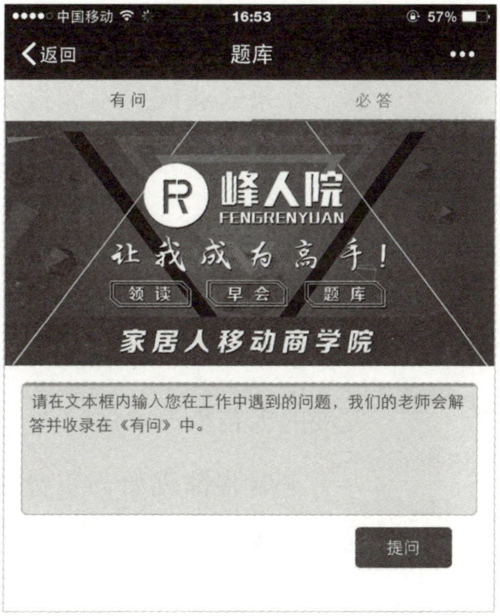

行业资源整合

向下，峰人院惠及终端；向上，对接第三方服务商及其他各个行业的顶尖专家，用“高手秀”和“大咖说”两大升级板块将家居建材行业与金融、互联网等行业紧密结合，插上一双腾飞的翅膀，借力飞翔。

“高手秀”板块精选出家居建

材行业中很多优秀的第三方服务商，在“峰人院”平台上展示，供厂家、商家进行综合考量和比对选择，最大程度上整合了行业资源，解决了第三方业务水平参差不齐、厂家和商家被不负责任的第三方所欺骗但投诉无门等行业乱象。其中，和君智业就是“高手秀”中首推的公司之一，和君智业凭借10多年的行业经验、庞大的师资力量、所向披靡的市场战绩，赢得了客户的口碑和行业的认可，成为“高手秀”中最具实力的公司代表。

“大咖说”板块则汇集了除家居建材以外的金融、互联网、国学等行业的大师级人物，为会员提供一对一的咨询服务。老板的高度直接决定企业的高度，作为厂家高管和经销商老板，由于每个人视野、经验、经历、思维的不同，难免会在工作中遇到一些问题和困惑。如果这些问题不能得到及时解决，就会危及经营、管理等各个环节，公司发展也会遭遇瓶颈，甚至在激烈的市场竞争中被淘汰。在这个板块中，每个会员都可以自主选择想要咨询的老师并预约咨询，经过一番思想碰撞后得到新的思路和启发，带着新思维回到工作中。帮助企业家们及时、有效、有针对性地解决问题，突破企业发展的天花板，永远快人一步！

龙瑞装饰创始人王允林先生一直是一个颇具传奇色彩的人物，他认真做事、用极致说话、把房子装修成“艺术品”，做到让客户

“流泪”的服务，创造了行业内的惊人业绩。作为“大咖”中的一员，王允林先生认真为每一个遇到困难的朋友答疑解惑，分享自己从业多年的经验和教训，让后来者少走弯路。

合作商鼎力支持

平台上线不到一个月，当当网和汇智光华就看到了峰人院惊人的发展速度和未来巨大的市场需求，立刻确定了战略合作关系。

作为全国知名的综合性网上购物商城，当当网每周将为峰人院输送网站热销书籍，挑选全网最畅销、最受欢迎的书籍作为“领读”板块所选的解读书籍，引领家居建材从业者走在文化潮流的最前沿。

作为中国机场、高铁连锁书店的领跑者，汇智光华将为峰人院提供全国各大机场和高铁内的广告位，以供宣传和推广，从而惠及更多的家居建材人，甚至是其他各行各业的从业者。

目前，峰人院已经在全国几十个城市设立分院，辐射到了各个岗位层级，立志让每个家居建材从业者都能成为高手，将行业传承作为自己的情怀与使命，真正做到利于行业！

总结与回顾

峰人院

家居人的自由联合体

1. 学习内容丰富
2. 行业资源整合
3. 合作商鼎力支持

MAKE MONEY

赚钱

PART 4 信息网络

河狸家

一亩田

瓜子二手车

神州专车

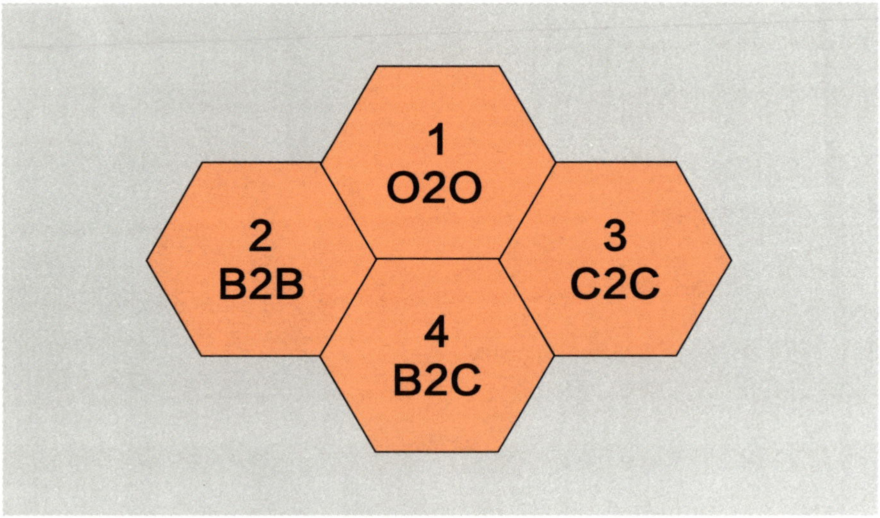
1
O2O
2
B2B
3
C2C
4
B2C

近几年，信息网络快速发展，各种电子商务模式层出不穷，尤其是新创企业，总希冀能在企业的发展中插上互联网的翅膀，借此拥有更多的用户数据，用以做入口、做路径……研究如何赚钱，离不开互联网这个话题和模式。

现在常见的电子商务模式有以下几类：

一、O2O（online to offline），是指将线下的商务机会与互联网结合，营销与服务通过线上与线下相结合。例如保险直购O2O、苏宁易购O2O、大众点评O2O、河狸家O2O。

常见的电子商务模式

	简介	案例
O2O	（online to offline）营销与服务通过线上与线下相结合	保险直购O2O，苏宁易购O2O，大众点评O2O、河狸家O2O
B2B	(business to business) 商家与商家建立的商业关系	阿里巴巴、慧聪、中国五金网、中国包装网、一亩田
C2C	(customer to customer) 个人与个人之间电子商务	淘宝、拍拍、易趣、瓜子二手车网
B2C	(business to customer) 商家与个人建立的商业关系直接面对消费者	通常说的商业零售（当当、卓越、京东、神州专车）
C2B	(customer to business) 商家是否接受客户要约	U-deals、当家物业联盟、9贝壳

二、B2B（business to business），是指商家与商家建立的商业关系。例如：阿里巴巴、慧聪、中国五金网、中国包装网、一亩田。

三、C2C（customer to customer），是指个人与个人之间的电子商务。例如：淘宝、拍拍、易趣、瓜子二手车。

四、B2C（business to customer），是指供应商直接把商品卖给用户。例如：当当、卓越、京东、神州专车。

五、C2B（customer to business），是指消费者直接面对企业，先有消费者提出需求，后有企业按需求组织生产。例如：U-deals、当家物业联盟、9贝壳。

河狸家：

O2O模式解放天下手艺人

河狸家，创建于2014年3月，是一个从美甲服务切入的上门O2O项目，通过互联网技术聚集美甲达人和女性用户，提供美甲师预约和上门服务，即“线上接单，上门服务”。此项目一进入市场，迅速颠覆了美甲行业的生态环境。

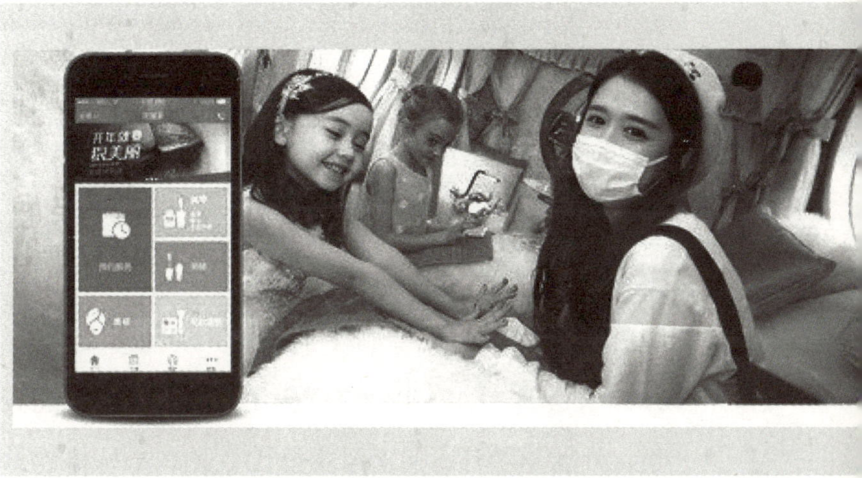

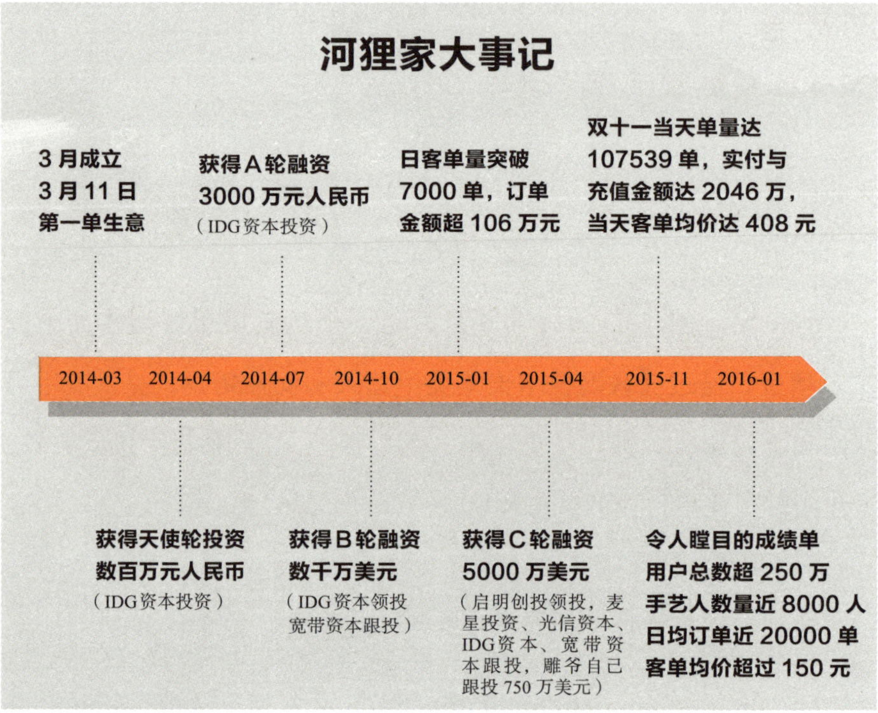

河狸家也是目前业内领先的“美业全平台”，除了上门美甲的单量已经是业内第二、三、四名的总和，上门美容也已稳居行业领先地位。

河狸家在上线不到一周年的时间里，已经完成了三轮融资。2014年4月1日，河狸家获得了IDG资本天使轮投资数百万元人民币；2014年7月，河狸家获得IDG资本A轮投资3000万元人民币；

2014年10月，河狸家又获得B轮投资数千万美元，由IDG资本领投，宽带资本跟投。接着，2015年4月28日，河狸家完成了C轮融资5000万美元，由启明创投领投，麦星投资、光信资本、IDG资本、宽带资本跟投，创始人“雕爷”自己也跟投750万美元。

目前河狸家估值已近3亿美元，其业务已拓展至北京、上海、深圳、杭州、成都、广州等国内一线城市。据了解，河狸家已经出现了月入六七万元的明星美甲师。

河狸家是否设计了广受女性欢迎的互联网产品？我们可以用一组数据来回答。

2015年1月15日，河狸家对外宣布：其日客单量已突破7000单，订单金额超过106万元。2015年11月12日，双十一当日单量达到107539单，实付与充值金额达到2046万元。[①]2015年底，河狸家用户总数超过250万，手艺人数量近8000人。客单均价超过150元，日均客单量近2万单，日客单量峰值近6万单[②]。

经自身预约体验后总结，我认为，河狸家的产品广受欢迎的原因为：

---

① 数据来源：亿邦动力网独家获悉，来源网址：http://news.138job.com/info/203/99502.shtml.

②《重庆青年报》记者赵婷，《十个城市8000手艺人，河狸家烧钱“暗度陈仓”》，http://city.igdzc.com/a/20151029/52827.html.

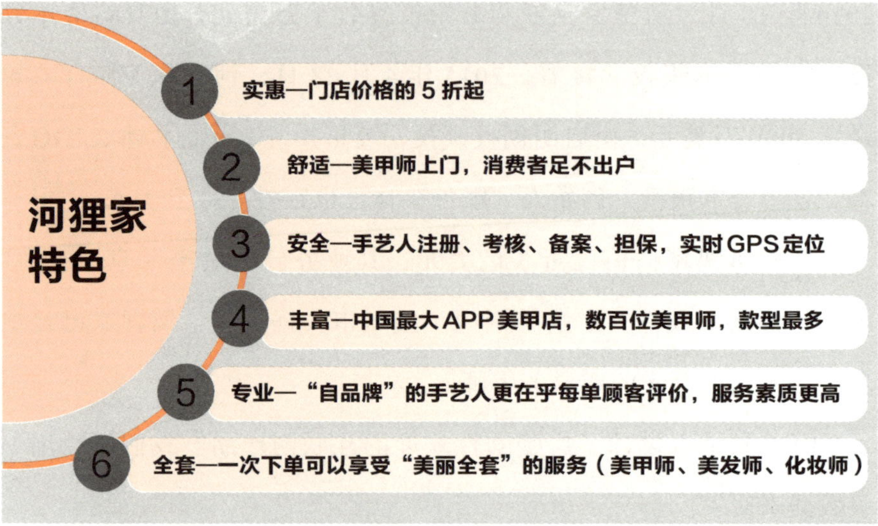

一、实惠。河狸家的美甲价格是日常线下美甲门店价格的5折，甚至是线下美甲店的一半或更低。

二、舒适。客户打开手机APP，线上下单和接单，河狸家的美甲师就会自动上门服务，即消费者足不出户就可享受美甲服务。

三、安全。美甲师每次上门服务时，都会进行实时GPS定位，这样就能保障手艺人和顾客的双方安全。

四、丰富。河狸家的美甲店，拥有数百位美甲师，自然款型最多、最丰富。

五、专业。河狸家的美甲师都属于“自品牌”的手艺人，他们的每一单服务，都会非常在乎顾客的体验和评价，所以河狸家的美甲师们的服务素质远超行业平均水准。

六、全套。客户通过APP一次下单后，可以享受到“美丽全套”服务，即美甲师、美发师、化妆师三者同时到达，“三对一”对客户进行全套服务。

河狸家能设计出如此受欢迎的产品，其创始人值得一提。“雕爷”，原名孟醒，北京人，“70后”，微博的自我介绍是“在牛腩餐厅里薰着精油搞先锋戏剧的专栏作家”。漂网董事长；淘宝精油第一

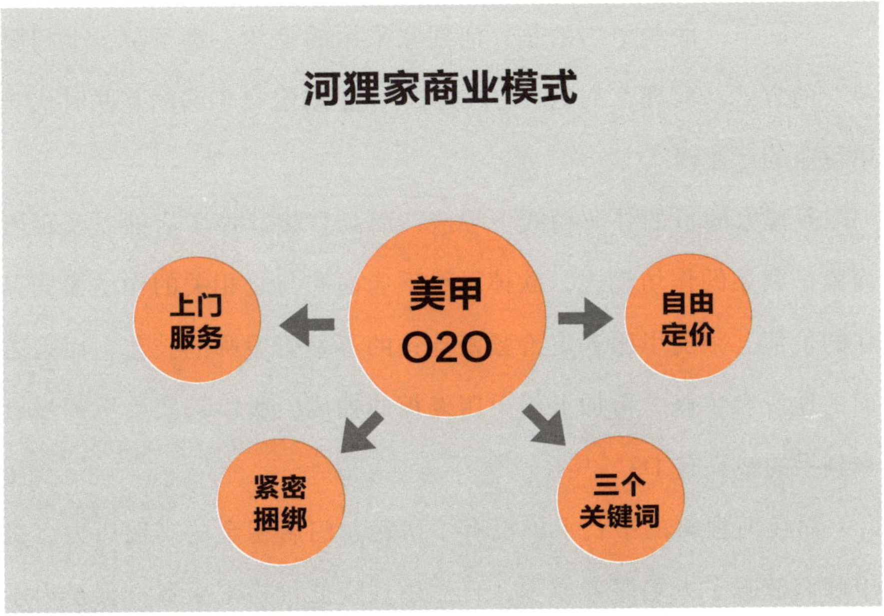

品牌“阿芙”的董事长；雕爷牛腩创始人；派代商学院讲师；新锐作家，著有《MBA教不了的创富课》一书；三拓棋剧团的制作与投资人……

从精油到牛腩再到美甲，雕爷选择好项目的定位是：客单价较高、品质较好，且都非常注重服务体验。美甲，就是一个客单价高（至少 100 多元）、服务属性较强而又注重品质的行业。因此，雕爷深知美甲的服务之道，更将美甲师界定为手艺人。

手艺人低价上门服务

不同于一般美甲店的是，河狸家采用的是“一键下单，上门服务”的方式。河狸家的这种O2O模式，重新定义了移动互联时代美甲行业的产业模式。

河狸家的目的并非给线下导流，而是直接砍掉了店面以及跟店面紧密联系的作坊模式，砍掉了线下店面和与之相关的作坊模式存在的价值。跟美甲服务定价紧密挂钩的不是美甲师的技艺，而是店面的地段和装修，再加上美甲店老板的抽成，所以其实美甲师最后拿到手的钱只有 1/3。

而在河狸家的平台上，没有了房租、门店租金的高额压力，美甲师们节省了大笔服务成本，自然乐意降低价格来服务，甚至为了

O2O

解放天下手艺人

推广可以接受最低价19.9元上门服务。这样，河狸家也改变了传统美甲行业的定价模式，美甲师们可以根据自己的手艺自主定价，因此虽然价格是门店价的5折，但其实比以前更挣钱。除此之外，河狸家在平台上的评价系统也让用户在挑选美甲师时信息更加对称，广受好评的美甲师也能享有更灵活的定价权，略差的美甲师知道要继续努力深造，做好服务升级。

美甲师无须死守店面，直接对用户进行上门服务，也改变了美甲师的工作地域。顶尖的美甲手艺人，例如给明星们如章子怡、刘嘉玲、李小璐、姚晨、郑恺、袁珊珊等服务过的手艺人，其工作地域已不局限于当地，而是可以跑遍全国各地去提供服务，地域也不再是对手艺人的一种制约。

同时，用户其实也享受到了实惠，并且能够按照美甲师的排班表进行预约，在家里就能够享受更舒适的美甲服务，因此会有广大的消费者非常愿意购买。

紧密捆绑

美甲师个体与河狸家平台紧密捆绑，这是河狸家保持美甲师们高留存度的关键。

所有在河狸家注册的手艺人，均需要通过严格的考核、备案，并参与评定“匠星”，与公司签约还必须要有“同城担保人”的背书，进行统一专业培训后，才可进行服务。河狸家还会对手艺人统一配发美甲工具等。

手艺人想持久地留在平台内，就要能够为平台赚钱。因此河狸家提供了两种与手艺人们的合作套餐模式：A套餐是底薪加提成，美甲师们有基本工资。这主要针对那些刚出美甲店，对自己没有自信的美甲师。但是基本上两个月左右的时间后，这些人就开始有胆量去尝试B套餐了。B套餐对于美甲师们来说相对自由些，可以不

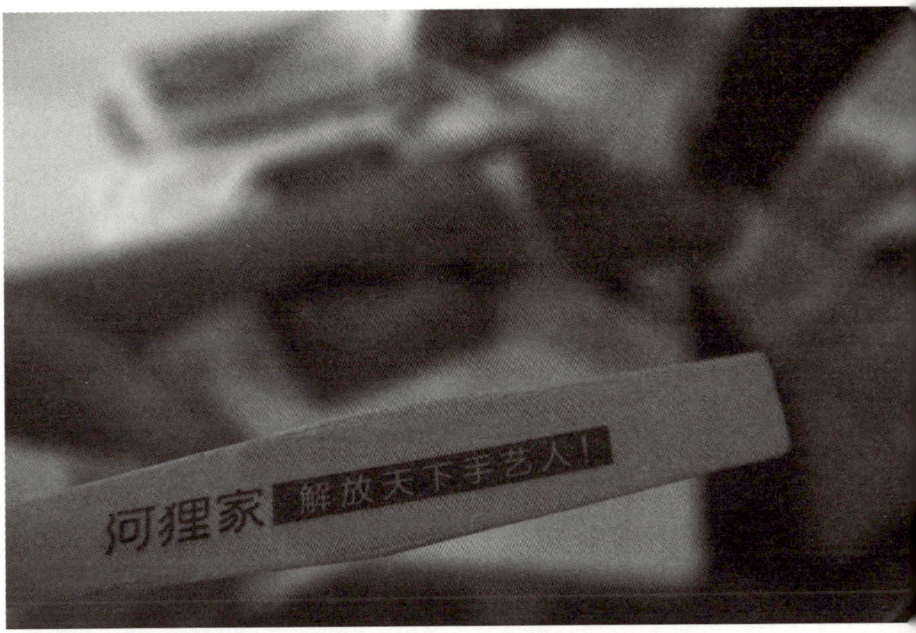

拿底薪，河狸家也不收取佣金。这样，美甲师们的收入空间就得以大幅提升，只要手艺够好，完全可以在河狸家的平台上获得比之前在美甲店高得多的收益。

河狸家搭建了一个信用管理的平台，并实现了评价透明化。一个美甲师服务的好与坏，消费者都可以通过河狸家的平台去评价，这样将美甲师的服务质量和服务态度通过用户评分系统进行捆绑。美甲师们的每一单服务，都会非常在乎顾客的评价，所以服务客户的素质远超行业平均水准。

除了对美甲师个体的紧密捆绑，河狸家还有一招非强制消费的紧密捆绑。例如，美甲师上门服务时会附带推荐阿芙精油，或者上门美容美体的时候会使用阿芙精油顺便售卖，或者给张雕爷牛腩的券，这种紧密捆绑也会创造成千上万道上门的流动渠道。

女性+中产阶级+美

“女性”“中产阶级”“美”，是河狸家发展的三个关键词。河狸家的使命是“解放天下手艺人”，为无数家庭带来便捷服务、御宅生

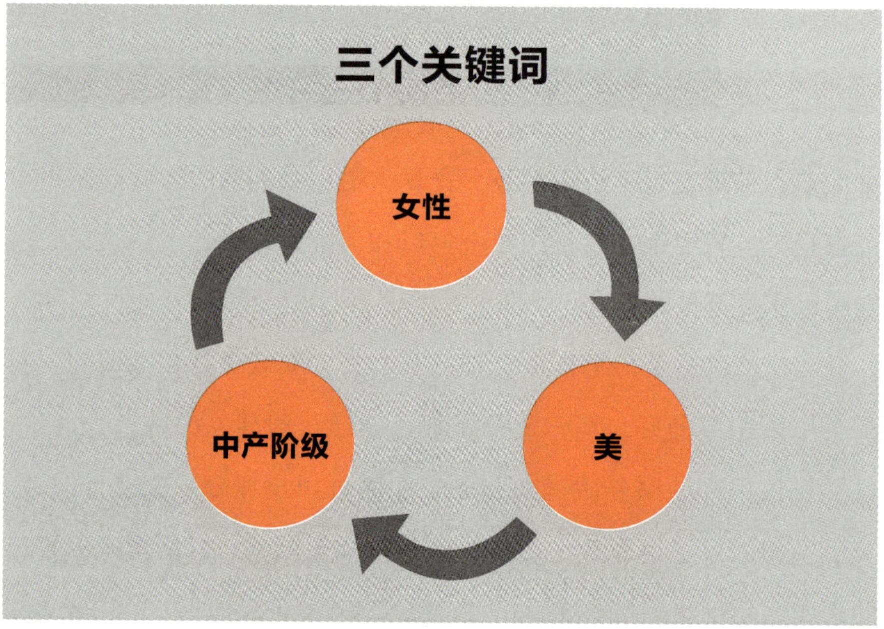

活，致力于为顾客带来“高质、低价”的服务。河狸家将来的发展就定位为与中产阶级女性相关的美的项目。

河狸家目前的业务包含了上门美甲、美发、美睫、手足护理、化妆造型、写真摄影、健身塑形，甚至绘画、音乐、口语教学……未来的发展也不局限于此，还包括服装造型、形象造型等一切跟女性相关的生活服务，以及让生活更美的项目。只要手指动一动，所有与美相关的专业技能服务都会主动上门。

未来，所有具备专业技能的人士，都可以被其他人共享，服务的创新将源源不断。

总结与回顾

河狸家

解放天下手艺人

1. 手艺人低价上门服务
2. 紧密捆绑
3. 女性+中产阶级+美

一亩田：

B2B模式打造信息商务平台

2014年上半年，商务部发布的数据显示：我国农产品的总交易额在4万亿元左右，而其中通过电子商务流通的农产品仅为1%。

2015年，中央一号文件指出："大力支持电商、物流、商贸、金融等企业参与涉农电子商务平台建设，开展电子商务进农村综合示范。"

其实，早在政府倡导前，互联网+农业的部分领域已经开始热火朝天。主要体现在三个领域的创立：农资电商平台、农产品电商平台、食材配送平台。

据统计，2014年我国涉农类电商企业达到3.1万家，其中涉农交易类电商有4000家，阿里、京东作为最大的两家电商占据了超过80%的市场份额。这仅仅是B2C的数据。

2015年，农业B2B领域的创业公司层出不穷，融资消息不断。

B2B农资电商平台包括：2009年3月，一家土地流转综合资讯服务平台"土流网"创立；2014年2月，一家农资综合电商平台

“云农场”创立；2015年3月，一家农资分销平台“农集网”创立；2015年3月，一家农业互联网金融平台“农发贷”创立。

B2B农产品电商平台包括：2011年创立的一亩田、2013年创立的“绿谷网”、2015年5月创立的“惠农网”。

B2B食材供应电商平台包括：2014年3月创立的“大厨网”、2014年5月创立的“美菜”、2014年6月创立的“链农”。

一亩田是国内领先的大宗农产品交易B2B诚信平台及农业大数据平台，主要产品有一亩田网（www.ymt.com）、一亩田手机APP（一亩田找货、一亩田卖货）、三位一体的网店、百度直通车（@一亩田）等。其服务对象

是全国从事农产品生产、流通、批发、销售的人。其服务方式是用户通过一亩田提供的多种工具进行供求信息查询，方便地找到买卖双方，通过线下团队服务协助促成交易。

选取一亩田作为案例，因为它是目前最火也是最具争议的农业B2B平台。

一亩田的最火之处在于经过四年的努力，公司号称日交易额过3亿元。2015年极客公园奇点创新者峰会“产业叛逆”闭门论坛上，一亩田的创始人兼CEO分享道：“大家知道吗？你们每天吃的食材可能有20%就是一亩田提供的。”这一分享自然引起了大众的关注。

一亩田的最具争议之处是2015年8月29日，一亩田突然被曝大幅裁员1500人，75%的一线人员被裁，还有“资方撤资”“交易数据造假”等问题。①

无论如何，一亩田对国家、社会的贡献不可磨灭。截至2015年7月，一亩田在全国范围内解决或缓解农产品滞销事件近70起，其中包括：陕西乾县的大葱、海南东方市的玉米、宜昌市长阳县的柑橘、福建闽清县的雪柑、陕西大荔数千吨红杏、周至大量油桃……一亩田半年内累计为农民挽回数千万元，先后25次被中央电视台、《人民日报》《农民日报》等中央类权威媒体报道。

因此，一亩田不仅是互联网发展下的必然产物，也是中国农业改革过程中必须要面对的问题之一，农产品大宗交易市场至少是10万亿级别。一亩田及类似公司的蓬勃发展，为中国农业走上规范化、标准化、健康安全的道路具有一定的推动作用。

一亩田是2011年9月创办的一家农业互联网公司，公司创办之日起就将“为人们找到每一亩田地上的农产品”作为公司使命。因此，一亩田致力于帮助中国7亿农民“轻松买卖农产品”，为农产品交易者提供全面的线上供求信息服务、线下撮合对接服务，以及相

① 详见钛媒体报道《一亩田“造假”迷雾，官方回应投资方并未撤资，大裁员却又何为？》。

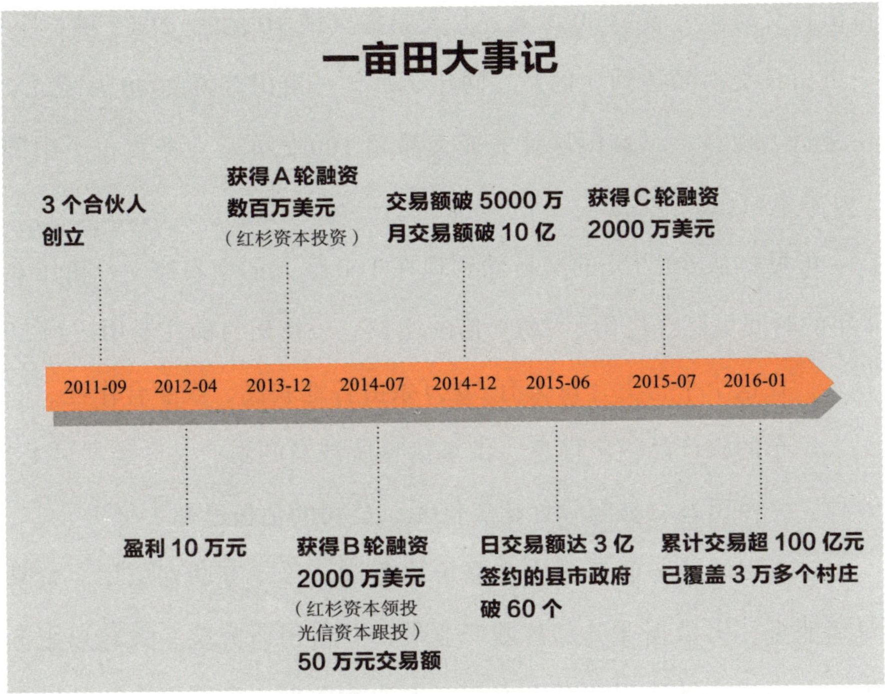

关行情、资讯、农产品指数等综合服务。

2011年9月，三位创业伙伴成立一亩田。2012年4月，农产品交易信息的“去哪儿”模式使一亩田月收入达到10万元，实现盈利。2013年12月，一亩田获得红杉资本数百万美元A轮投资。2014年6月，一亩田北京新发地农产品旗舰店开业，正式尝试做线上+线下的交易撮合模式。同年7月，一亩田累计成交额过50万元，并获得红杉资本、光信资本B轮投资2000万美元。12月，一亩田日交易额突破5000万元、月交易额突破10亿元。2015年6月，一亩田日交易额达到3亿元。同年7月，一亩田获得2000万美元C轮融资。现在，一亩田累计完成交易超100亿元，业务覆盖了中国3万多个村庄。

可见，从50万元的交易额到现在100亿元的交易额，一亩田在4年的时间里已经经历了2000倍的增长。一亩田目前注册用户约50万人，在这个平台上，每天有30万条由各地农民、农业合作社、经纪人发布的农产品供应信息，供求信息所涉及的农产品种类超过1.2万种。一亩田日交易额号称超3亿元，公司的估值已超1亿美元。

一亩田的业务涵盖了农产品价格查询、移动互联网应用、贸易对接业务、大数据业务、县域产业带、一亩田研究院、大客户服务等，它的重要性体现在三大方面：农业大数据、贸易撮合、县域产业带。

农业大数据

一亩田自创立后，坚持推行农产品行情数据服务《今日行情》，即从农产品生产、流通、批发销售人士的现实使用环境出发，以简短的文字向用户实时推送全国行情信息。除了网站运用，一亩田同时推出了手机APP，解决农业从业者随时随地行情查询、了解资讯、

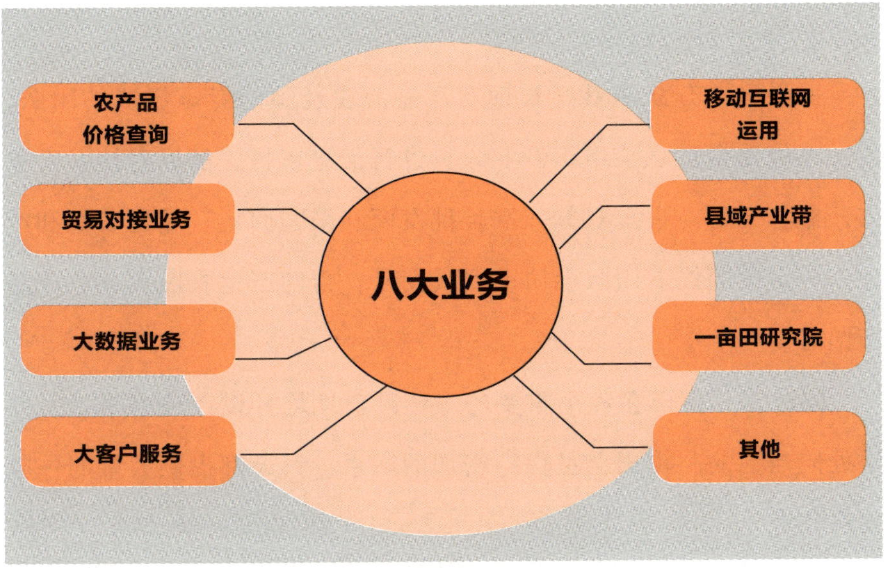

农产品指数、发布供应、完成采购等需求。

通过互联网，一亩田逐渐汇聚了大量可分析数据，并以此为基础开展了大数据研究，使农业生产者、农产品经纪人、各级相关管理部门、农业研究机构及研究者等都可以对实时农产品流通有更深的了解。此外，一亩田又设立了一亩田集团研究院，专门用于开展农业产业化、农业信息化、农业市场化等主题研究。例如，2015 年 5 月 30 日，在“中国农村互联网金融论坛”上，一亩田研究院《2015 中国农村互联网金融报告》正式发布，就是在为中国现代农业发展提供智库服务。

贸易撮合

一亩田拥有众多具有长期农产品流通经验的专家组成的团队，对上述的数据信息会组织专业人员进行信息审核，然后对接买卖双方，撮合交易。买卖双方一端是批发商和采购商，一端是农民和产地。一亩田的线下团队会协助促成交易，帮助产地农民实现农产品产销对接。

同时，一亩田在各个重要的农产品产地均开设产地办事处，办事处同当地的一亩田会员保持密切的联系，每天都提供大量的供应

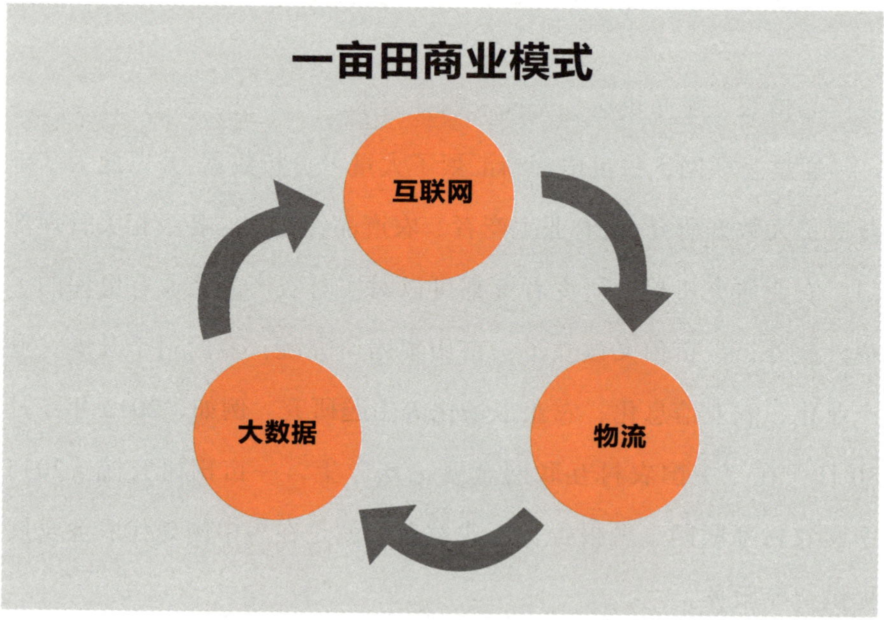

信息，一亩田也可以根据采购商的需要，免费找货和免费帮助客户去产地看货。

农民通过这个平台的数据，获得了对等的信息，在农产品交易上也不再弱势，有了更多的话语权。

对于大型商超及连锁餐饮等大客户，一亩田也在不断探索更适合的合作模式。例如 2014 年 12 月 9 日，餐饮连锁企业“乡村基”与一亩田进行了战略合作，打造了从农场到餐桌的采购供应模式，通过一亩田全国的门店及办事处网络优势和电子商务大数据资源，实现了加强供应管理、降低采购成本、把实惠让给顾客、让顾客吃到放心安全餐的目的。一亩田的商机系统一经上线，2.1 万家餐饮、深加工、贸易公司就进驻一亩田对接全国供应商，真正在实现“从农场到餐桌”的神话。

县域产业带

县域农产品销路需要进一步拓宽，县域特色农产品品牌的知名度需要进一步打开，农民也希望增收，在这样的需求下，县域产业带将发挥战略意义。其中，一亩田的农产品流通大数据，也将为县政府和农业从业者的决策起到参考作用，彼此间的各种合作也能提升县域农业的整体发展水平。

例如，2015年1月，一亩田正式启动名为“村晖行动”的农村战略，已和国内50个县、市达成战略合作，业务覆盖3万个自然村。截至2015年6月，和一亩田达成合作的省、市、县政府达数十个。未来，一亩田还希望对接更多的自然村，对接更多的城市。

互联网+农业，可以降低农产品的生产成本和流通成本、提高效率，可以让供求双方获利，也可以推动中国农业的健康发展……涉农电商发展是一个新的机遇。

总结与回顾

一亩田

专业信息商务平台

1. 农业大数据
2. 贸易撮合
3. 县域产业带

瓜子二手车：

C2C模式打开二手车市场

2014年开始，二手车市场已成为了热门投资领域，C2C模式尤其受到投资人青睐。因为没有地域限制、服务网络广，买卖双方可直接交易、差价小，信息公开可查、透明度高等原因，所以被视为

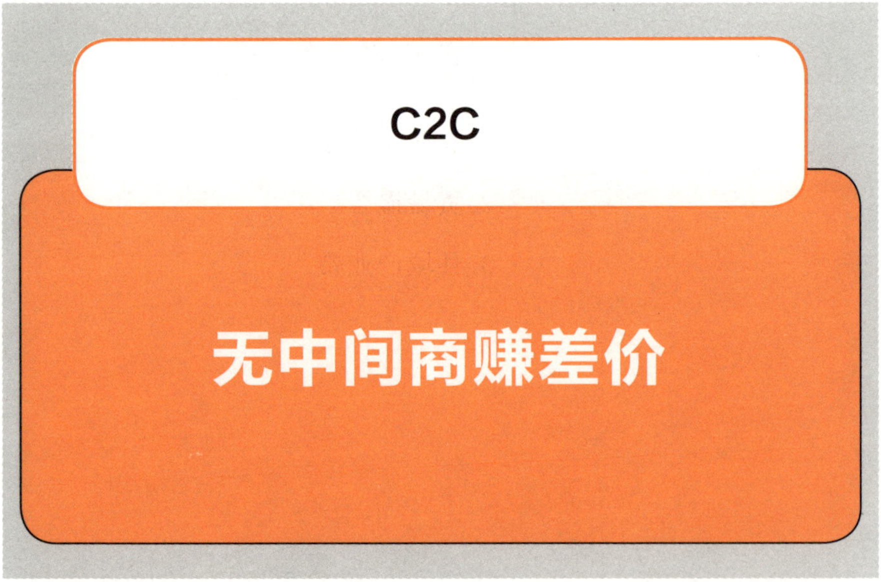

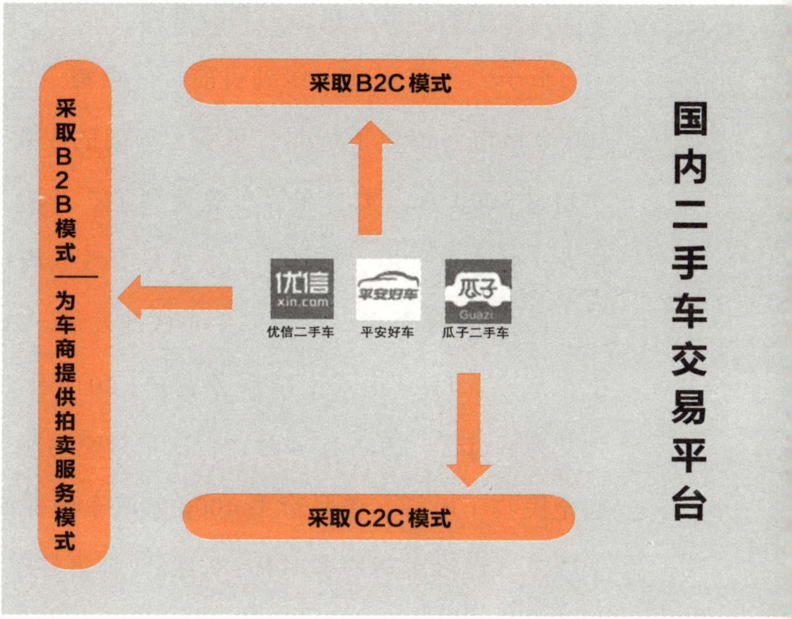

二手车市场的“终极模式”。

2014年下半年开始，许多大厦写字楼播放着这样一则广告，反复吆喝着“个人车主直接把车卖给个人买家，没有中间商赚差价”，不得不引起关注。

瓜子二手车直卖网（www.guazi.com）（简称“瓜子二手车”）就是采用的C2C买卖二手车模式。“瓜子二手车”是2014年11月上线的，专注于服务个人与个人之间的二手车交易的服务平台，省去了二手车交易的中间环节（中介、车商等），以互联网连接买家到卖家，给予买卖双方更多的利益空间。

瓜子二手车正式上线到目前，已经覆盖全国一、二、三线的近100个城市，覆盖了华北、华中、华南的主要目标城市，月活跃用户超过4000万，实时在售车源达到了5万辆，累计交易额超过10亿元，其布点规模、交易额、上架量等数据均领先于同模式的竞品。

自2014年至今，瓜子二手车快速发展。2014年10月，瓜子二手车成立，11月正式上线服务客户；2015年3月，连开15城，累计交易额过亿；2015年4月，首次单月交易额突破1亿元；5月，掀起全民收车风暴，单月牵手4000家汽车服务商；7月，一卡通正式上线，开启汽车后服务时代；9月，“赶集好车”更名为“瓜子二手车直卖网”，同时域名由haoche.ganji.com变更为guazi.com；11月25日，杨浩涌卸任58赶集集团CEO，同时瓜子二手车完成分拆，在经济上和法律上变成一家独立的公司，杨浩涌以个人投资者身份，

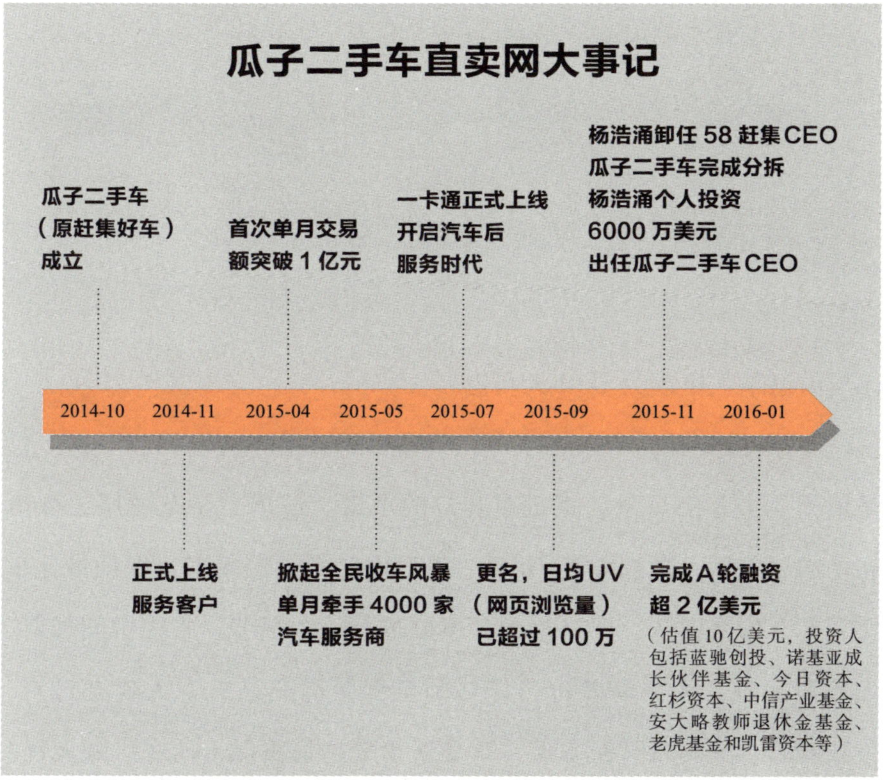

向瓜子二手车投资 6000 万美元并出任瓜子二手车 CEO。

2016 年 1 月，瓜子二手车已经完成 A 轮融资，融资金额超 2 亿美元，企业估值超过 10 亿美元。投资人分别是：蓝驰创投、诺基亚成长伙伴基金、今日资本、红杉资本、中信产业基金、安大略教师退休金基金、老虎基金和凯雷资本等，并将官网此前宣传的“14 天

无理由退车”更改为“14 天可退”。

“购买最安心的个人二手车，就在瓜子二手车直卖网！”这不仅是瓜子二手车的口号，更是对客户的承诺。瓜子二手车的服务保障和承诺还包括：精选 6 年 10 万公里以内的个人二手车，保证最佳车况；专业检测团队，严格检测，不放过每一个细节；省去中间环节，无车商加价，无交易差价；评估师全程陪同交易，专人代办过户，极致省心；不满意开回来退，享受新车般超长质保，彻底后顾无忧。

数据显示，上线仅十天的瓜子二手车网站，日均UV（网页浏览量）已超过 100 万。

据悉，瓜子二手车的收入目前主要靠交易佣金，比例是 3%。按照每辆车 10 万元的成交价格，佣金也仅为 3000 元，很难覆盖运营成本，算上广告投入就是巨亏。实际上瓜子二手车一直在巨亏，它到底在做什么？

巨资投放广告

目前，国内二手车个人交易领域成交的关键在于“可靠”“便宜”“便利”三个方面。具体来说，就是个人二手车交易现在最需要的就是质量保证，以及令人信服的评估体系。

瓜子二手车反复承诺：只推广100%个人车源，并确保每一辆车都经过259项严格检测，确保车辆无重大事故、无水泡、无火烧，并承诺一年2万公里的车辆质量保证。如果买家对车辆不满意，瓜子二手车承诺14天可退货，充分保障买家的购车权益。如果是卖家，在瓜子二手车出售爱车前，将有资深评估师为车辆状况做出专业评判，并由专业销售协助卖家与买家协商交易，确保卖家极致安心的交易体验。

买家

如果是买家，对车辆不满意，瓜子二手车承诺14天可退货，充分保障买家的购车权益。

卖家

如果是卖家，在瓜子二手车出售爱车前，将有资深评估师为车辆状况做出专业评判，并由专业销售协助卖家与买家协商交易，确保卖家极致安心的交易体验。

客户只有感受到可靠，才会选择在瓜子二手车平台交易。然而单凭感受到可靠，还不能吸引更多的用户。C2C模式，两端都是个人用户，这意味着没有稳定的车源和买家。再加上二手车一车一况一价，交易频次低，同一客户基本谈不上重复购买，如何靠口碑持续营销？没有口碑，没有推广，卖家和买家群体流量不足够，买卖双方就不能体验，没有体验就更没有推广，这样就进入了恶性循环。

耗费巨资不断打广告，就是瓜子二手车目前不断吸引用户的突破口。首先，通过广告让用户相信C2C模式更经济，也更可靠，从而愿意尝试和接纳这个新事物；其次，通过广告占领用户心中C2C模式的老大地位，形成先发优势，一旦C2C模式被大众认可之时，瓜子二手车已经立于不败之地了。

因此，瓜子二手车为保证用户流量的稳定和增长，不断投入巨资做广告。据悉，瓜子二手车自分拆至今已经投入了3亿元左右的广告资金，2016年融资超2亿美元，也将投入巨资用于广告投放。

加速城市布局

二手车市场C2C模式才刚刚起步，车源分散而不可控，C2C平台的发展需要更多的客户流量和数据，以此扩大C2C规模，加速市场布局就是为了提升线上数据和线下体验。

瓜子二手车的前身是“赶集好车”。58赶集集团在分类信息领域积累了十年经验，因此瓜子二手车更有品牌、资本、流量、人才的支持。瓜子二手车正借用城市布局的优势，不断深耕各地的二手车市场，并将当地城市纳入业务版图。这样，新开的瓜子二手车站点，不仅能为当地用户带去个人车主对个人买家的直卖模式，更能让透明的二手车交易模式惠及更多的用户。

进入规模效应后，瓜子二手车就能不断形成覆盖全国、中心城市辐射周边地区、重点区域拉动卫星城的分布态势。无怪乎其业务版图能够扩展到全国近100座城市。

汽车后服务市场

瓜子二手车至今仍处于亏损状态，并且仍然花费巨资用于广告投放，用于补贴线下二手车经销商，用于扩张版图。何时才能进入盈利状态？

瓜子二手车的真正目的，是瞄准更大的市场——汽车后服务市场，即依靠卖车之后提供汽车质保、汽车金融、汽车保险等一系列服务来盈利。

后服务市场，看似诱惑，实际上还需要走很长的一段路。因此，想赚钱，先要想清楚靠什么赚钱、怎么赚钱、持续多久后开始赚钱，更要综合评估自己和团队的实力。

总结与回顾

瓜子二手车

打开二手车市场

1. 无差价，14 天可退
2. 巨资投放广告
3. 汽车后服务市场

神州专车：

B2C模式完善专车服务

近两年，专车服务软件层出不穷。这些软件都是以移动互联网和大数据技术为手段，整合市场资源，为客户提供“随时随地、随叫随到”的全新用车体验。内容一般都包括：立即用车、预约用车、接送机、代金券、车型选择、价格预估、历史行程、充值等。

滴滴快的、Uber和神州专车占据国内专车市场前三名，但滴滴和Uber属于专车C2C模式，车辆几乎都是私家车；神州专车则选择了B2C模式，车辆为神州租车的租赁车辆，司机是全职司机。

神州专车，是租车连锁企业神州租车2015年1月28日推出的为高端商务出行人群提供优质服务的产品，也是神州租车联合优车科技推出的互联网出行品牌。优车科技有限公司是神州专车的运营主体，是由原神州租车高管创业成立的一家独立的第三方公司。

根据国际咨询公司罗兰贝格数据显示，截至2015年8月，在中高端专车市场中神州专车和滴滴分庭抗礼。滴滴的日均订单量约为26万单，占据53%的市场份额；神州专车为20.5万单，份额为42%。

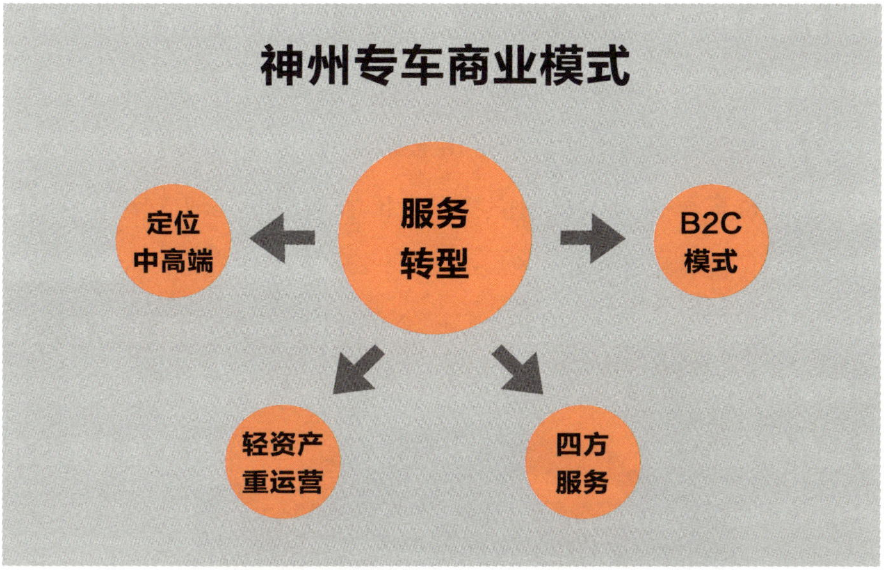

2015 年 1 月 28 日，神州专车推出；2015 年 7 月，神州专车以 12.5 亿美元的估值完成 2.5 亿美元的 A 轮融资；9 月，完成 5.5 亿美元的 B 轮融资，估值 35.5 亿美元；2015 年 12 月，神州专车进行股权重组，目标是未来在国内资本市场上市；2016 年，神州专车融资 36.8 亿元冲刺新三板，公司接受投资后估值大约为 287 亿元。

中高端商务用车

神州专车定位于中高端群体，主打中高端商务用车服务市场，服务人群以商务白领居多。因此，神州专车在产品设计上追求的是区别于现有出行方式的升级服务，不是替代现有出租车的产品，因此对车型、价格、服务客户、消费场景非常注重差异化。

神州专车首先为不同客户推出三款车型及价格服务。

公务轿车车型为大众帕萨特、丰田凯美瑞或类似 5 座车型，15 元起租价，每公里 2.8 元。

公务轿车：大众帕萨特 丰田凯美瑞或类似5座车型

¥15 起租价 ＋ ¥0.5/分钟 ＋ ¥2.8/公里

商务 7 座车型为别克 GL8 或类似 7 座车型，20 元起租价，每公里 4.5 元。

豪华轿车车型奥迪 A6 、宝马 5 系或类似 5 座车型，23 元起租价，每公里 4.6 元。据悉,2015 年 5 月,600 辆宝马 5 系车辆全部用

商务7座：别克GL8或类似7座车型

¥20 起租价 ＋ ¥0.7 / 分钟 ＋ ¥4.5 / 公里

于神州专车服务，神州专车的宝马专车数量一举突破 1000 辆。

神州专车使用的车辆统一均为合法运营车辆，绝大部分从神州租车租来使用。司机专业且全部全职，经过统一培训后上岗，司机的服务标准化程度较高，例如帮开车门、搬运行李、调试车内温度，这些都是最基本的服务。车内还包含各类增值服务，例如提供免费 WiFi、充电器、纸巾、雨具等。

神州专车追求的除了专车的舒适、便捷、贴心外，更需要全方位保障乘车人安全，并全面推动专车市场的安全标准不断升级。为此，神州专车不仅推出“五星安全”计划，从司机保障、健康保障、技术保障、隐私保障和先赔保障五大方面保障乘车人的安全，并且

豪华轿车：奥迪A6 宝马5系或类似5座车型

¥23 起租价 + ¥0.8/分钟 + ¥4.6/公里

乘客一旦乘车，即送其高达100万元的安全保障。关键是，神州专车并不推行其他专车的所谓社交功能，而是注重开车安全，尽可能地保护用户及其家人隐私，避免不安全事件的发生。

神州专车目前已完成全国60多个城市的覆盖，专车数量也超过1万辆，基本能满足客户专车出行的需求。

轻资产+重运营

神州专车平台实际是轻资产，神州专车的车大多数是神州租车自有的正规租赁车辆，或从其他租车公司通过正规程序租借的车辆，因此神州专车的车辆统一均为租用的合法运营车辆。

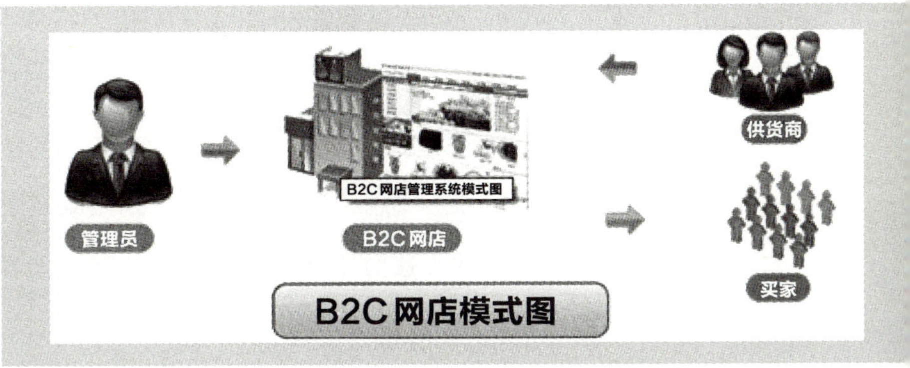

前面已经介绍过，神州专车是神州租车推出的为高端商务人员出行服务的产品，因此在这里需要介绍一下神州租车。

神州租车于2007年9月在北京成立，公司业务主要是提供短租、长租及融资租赁等汽车租赁服务，目前已发展为全国大型连锁租车企业。拥有6万多辆车、1000多个服务网点，2014年9月19日在香港联合交易所有限公司挂牌上市，公司目前市值已突破240亿元。正是依靠神州租车原本就已经具备的网络优势，神州专车才可以在短时间内完成60个城市的大面积覆盖。实际上，神州专车董事长陆正耀先生，就是神州租车董事局主席兼CEO。

虽然神州专车的车辆均来自于神州租车及其他第三方租赁公司，但神州专车推行“重运营模式”，即要求司机全部为全职雇佣，即便是租用私家车，可将人招进来后仍然要以B2C的模式服务客户。神州专车更是对司机进行严格监管，例如专车司机的招募上有相应的审核检验程序，必须保证司机无犯罪记录，进行统一培训后上岗，定期对车辆消毒和对司机进行体检等。

神州专车的预订及使用，除网站和APP预定渠道外，更增加了呼叫中心和约车电话，这对于神州专车的优质服务非常重要，尤其是企业级客户可以更为直接、方便地通过呼叫中心表达需求，虽然呼叫中心在某种程度上增加了公司运营的人力支出。

四方服务关系

神州专车一直在共建四方服务关系，即乘客、神州租车、优车科技和安驾劳务的四方关系。

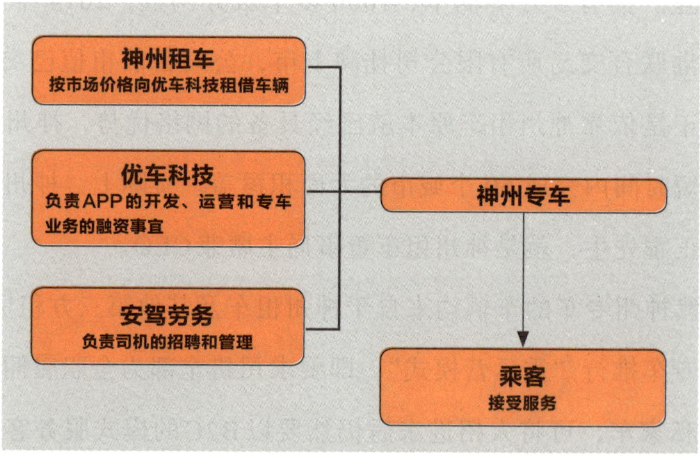

三家服务商的职能和分工非常明确：作为车辆拥有者的神州租车，按市场公允价格向优车科技租借合法运营车辆，包括长租及短租车辆，提供多种款式车型以供神州专车开展专车业务；优车科技负责神州专车APP的开发、运营和专车业务的融资事宜；安驾劳务，负责司机的招聘和管理。这相当于一个强强联合的超联盟组合，各司其职，各有所长。

神州专车采用“专业车辆，专业司机”“轻资产、重运营”的B2C运营模式，为每个中高端商务客户提供专业、安全、舒适、便捷、贴心的出行服务，与传统的出租车、快车、顺风车、一般的专车服务均有本质区别，它不是替代现有的出行方式，而是对现有出行方式的升级。

总结与回顾

神州专车

完善乘车服务

1. 专业、全职司机
2. 百万保险保障
3. 严格监管

MAKE

MONEY

赚钱

PART 5
分享经济

Airbnb

滴滴出行

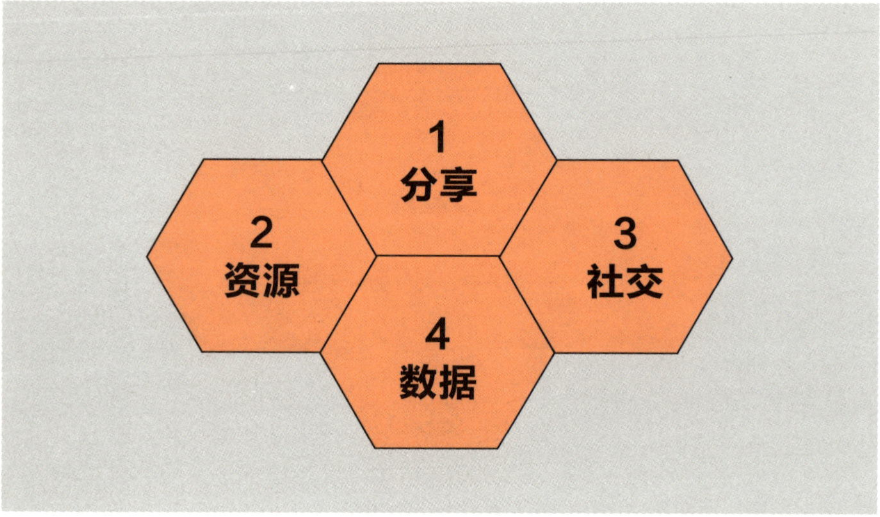
1
分享
2
资源
3
社交
4
数据

关于分享经济的定义可谓众说纷纭，莫衷一是，不同的人对分享经济有不同的看法和定义。

经济学家杰里米·里夫金在《零边际成本社会》中提出："分享经济是一种逐渐走向世界舞台的新型经济体系。"

雷切尔·博茨曼认为，"分享经济"就是"协同消费"，消费者可以通过合作的方式来和他人共享产品和服务，而无须持有产品的所有权。"二手交易"就是典型的分享经济模式。

麻省理工学院的某项报告将分享经济细分为以下几类：对等市场、礼品经济、共同对等生产方式、团结经济、协同消费、P2P借贷、众筹、车辆共乘等。

哈佛大学商学院商务管理教授南希·科恩认为："分享经济是指个体间直接交换商品与服务，包括共享车、共享房间、闲置物品交换等，所有这些交换可通过网络实现。"

腾讯研究院认为：分享经济是公众将闲置资源通过社会化平台与他人分享，进而获得收入的经济现象。

我国国家信息中心信息化研究部、中国互联网协会分享经济工作委员会认为：分享经济是指利用互联网等现代信息技术整合、分享海量的分散化闲置资源，满足多样化需求的经济活动总和。

虽然以上观点各有侧重，但我们可以从中总结出分享经济的三个显著特点，即大众参与、高效配置资源及更好的用户体验。

事实上，分享经济的渊源及演进可以追溯到二十世纪七八十年代。当时，全球的资源逐渐枯竭，世界各国开始重视可持续发展性；金融危机造成全球范围内的经济不确定，居民就业与可支配收入压力大；物质和产能过剩、过度消费导致了资源闲置；移动互联网和物联网的快速发展；环境友好和信任社会的共性追求……这些背景都是孕育分享经济模式的土壤。

1978 年美国两位社会学教授马科斯 · 费尔逊和琼 · 斯潘思在共同发表的一篇学术论文《部落结构和协同消费》中首次提出了分享经济，阐释了一种闲时分享自己汽车的模式，同时引进了一个新概念“协同消费”，也被称为“合作式消费”。

之后，协同消费不断演变，成为消费者利用社区、沙龙等工具进行线上与线下的连接，实现合作或互利消费的一种经济模式。

2015 年，中国共产党十八届中央委员会第五次全体会议提出了“实施网络强国战略，实施‘互联网+’行动计划，发展分享经济，实施国家大数据战略。”这是在国家的正式文件中，首次提出有关“分享经济”的概念。

中国的分享经济发展顺应着独特的国情，正在互联网+、“双创”、供给侧结构性改革、“一带一路”、网络战略与大数据战略等多维整体设计的协同下，以及面向创新驱动发展的转型要求下，快速发展。

Airbnb、滴滴出行的成功就是分享经济的典型案例。

Airbnb：

租住业的创新

2007年，住在美国旧金山的两位设计师——Brian Chesky（布莱恩·切斯基）与Joe Gebbia（乔·杰比亚）正在为他们付不起房租而困扰。为了赚点外块，他们计划将阁楼出租出去。传统的做法是在Craigslist上发帖子。但两位设计师认为在网站上发千篇一律的帖子会显得冷冰冰的，于是他们计划自己动手建一个网站。

当时城里正好举办一个设计展，周边的旅馆都被人预订完了，于是他们便很快搭建了一个简易的网站，开始了“家庭旅店”的生意。网站上包含了地板上摆放的三张空气床垫的照片，以及供应家庭自制早餐服务的承诺，两位设计师很快就获得了3个租客，每位支付了80美金。一周后他们便陆续收到世界各地人们的电子邮件，询问何时能在世界其他热门旅游目的地享受这样的服务，包括布宜诺斯艾利斯、伦敦、日本等地。于是，他们将这一做法复制到其他大型集会上，并允许人们使用信用卡在线支付。

2008年，奥巴马要在科罗拉多州的丹佛发表有十万观众的演

讲，而当时全市只有三万左右的旅馆房间，于是，Airbnb适时地又一次在公众面前高调曝光，一度获得了极高的流量和关注。

Airbnb，即AirBed and Breakfast的缩写，它是一家联系旅游人士和家有空房出租的房主的服务型网站，可以为用户提供各式各样的住宿信息，简单说就是在线房屋租赁网站。

Airbnb的用户遍布190个国家近3.4万个城市，发布的房屋租赁信息达到5万条，被时代周刊称为“住房中的eBay”。2011年，Airbnb服务难以置信地增长了800%。据创投媒体《创投时报》报道，截至2012年10月，Airbnb一共获得了三轮融资。第一轮融资

780万美元，投资方为红杉资本、Crunch Fund以及Ashton Kutcher（阿什顿·库切）、Greylock、SV天使基金以及Youniversity风投等。第二轮融资1.12亿美元，投资方为Andressen Horowitz（安德森–霍洛维茨）、DST Global和General Catalyst Partners。2012年10月进行第三轮融资，融资金额达到1.17亿美元。2015年2月28日，Airbnb又开始了新一轮融资，而估值将达到200亿美元。

Airbnb的高度曝光与高估值，确实值得深思。

资源高效配置

Airbnb房屋租赁中介服务平台，对象为房屋所有者，双向通道提供房屋维护+平台出租服务。O2O模式、线上预定、线下体验，充分利用了互联网跨地域、无边界、海量信息、海量用户的优势，同时充分挖掘线下资源，进而促成线上用户与线下商品与服务的交易，更加便捷高效。Airbnb正利用世界各地闲置的有形、无形资源，无论是闲置的房产，还是闲置的大脑、天赋、爱好、时间，将它们连接起来，转变个人的社会角色，重新参与创造有价值的产品或服务。

Airbnb除了与来自全球各个城市的提供剩余房屋或房间的个人房主合作外，还不断扩大房源，陆续与全球顶级酒店合作。

社交链接

Airbnb抓住社会痛点，针对年轻穷游一族，价格相对便宜，预订体验更加便捷，将市场需求做到极致，即一种“社交性的旅游服务”，可使外来旅客更好地了解本地人的生活和文化，并使得本地化的旅游体验更加丰富真实，使城市变得更有吸引力，使本地消费得到大幅度的增长。

Airbnb更提供多种认证服务。例如开放了社交系链，允许用户接入他们的社交账号，利用筛选系统，优先给房客提供有某些社交联系的房东，使得原本陌生的房东与房客相互熟悉。

同时，Airbnb凭借自己在硅谷的优势，在Facebook上寻觅更多的人，将Facebook的 growth hack方法引入，使得更多来自原有网站Craigslist的用户开始变成Airbnb的用户，只要在一处发布信息就能同时出现在两处。这样，更多用户加入注册，发布更多出租信息，Airbnb的用户黏性就不断地增强，社交链接也更加显著。

Airbnb正是基于平台培育社交关系，通过论坛、社区等形式加强了平台双方的黏性。

口碑营销

Airbnb更把监控管理的权利交给用户，用户需要自我完善个人及社交信息，不仅有常规的双向评价体系，同时还有邀请好友推荐分享等系列功能，人性化的言语和设置将形成良好的口碑传播。

第一，核实基本身份信息。Airbnb的用户注册完之后，会有些基本的信息完善，在美国有护照、身份证等双层核实机制，在中国则要完善邮箱、姓名、电话和地址等基本信息。

第二，社交信息拓展。Airbnb有Twitter、Facebook等社交网站的直接链入，既可方便用户登录，也可拓展Airbnb的社交功能，同时还让用户自行去鉴定租住或者出租人的性格特征，也相当于Airbnb是开放式审核，给双方自由选择的权利。

第三，Airbnb的好友推荐分享的口碑营销功能。看似很微弱的邀请好友功能实际上是Airbnb的最大亮点。首先是建立声誉，用户邀请好友为个人撰写推荐语；其次是邀请好友注册为用户后，可以给好友优惠。当好友注册为用户使用Airbnb租住时，用户和好友都可获得255美元的旅行基金，好友租出房源后还可再得479美元。这无疑是多赢的好策略，不仅维护了现有的用户群体，而且扩大了新用户群和房源基数，同时又发展了社交功能，形成了良好的口碑传播。

这样，更是搭建了一个线上评价体系，形成一个能连接实名信息的内部信用体系，并且能够形成良好的数据闭环。

安全管理

Airbnb在运营管理方面，除了应有的技术人员外，更组建了一支“无敌舰队”，其中包括律师、20名沟通专家，还有3家外部公关公司。

Airbnb更成立了7×24小时的全天客户服务热线，设立授信安全部门，并且为户主提供5万美元的财产损失保证金。客服中心和授信安全部门规模达到了600人，每次预订的损失保证金也提高到了100万美元。

Airbnb正在改变人们的租住意识，改变租住行业，更可以应用到其他行业。

总结与回顾

Airbnb

租住业的创新

1. 高效配置闲置资源
2. 通过社交进行链接
3. 利用口碑进行营销
4. 安全管理

滴滴出行：
真正实现多赢

滴滴出行是一款中国知名的免费打车平台，被称为手机“打车神器”，是针对“大众出行难、打车难”的社会痛点而发展的“互联网+出行”的分享经济模式。

滴滴出行由小桔科技创办。小桔科技是腾讯投资的一家移动互联网公司，致力于移动交通的发展，为乘客提供便利。滴滴出行软件的创始人是程维，同时也是小桔科技的CEO，当时他毅然决定离

开阿里巴巴，创建打车软件公司——滴滴出行，试图真正改变人们出行打车的习惯。滴滴出行的APP改变了出租司机的等客方式，它可以让司机师傅用手机等待乘客“送上门来”。现在，滴滴已从出租车打车软件，成长为涵盖出租车、专车、快车、顺风车、代驾及大巴等多项业务在内的一站式出行平台。

2012年6月6日，北京小桔科技有限公司成立，经过3个月的准备与滴滴打车司机端的推广，9月9日在北京上线。2012年12月，完成金沙江创投300万美元A轮融资。2013年4月，完成腾讯集团1500万美元B轮融资。2014年1月，滴滴出行完成C轮1亿美元融资，其中中信产业基金投资6000美元、腾讯集团投资3000万美元、其他机构投资1000万美元。

2016年1月11日，滴滴公布了2015年的订单数，声称超过

Uber 6 年累计的 10 亿订单数。其实我是相信这个数据的，因为前段时间在美国洛杉矶，我就用滴滴出行打车从洛杉矶前往圣地亚哥，途中咨询司机，证实很多美国人都在使用滴滴出行软件，可见滴滴的普及已深入全球。

2016 年 5 月 13 日，滴滴出行宣布最新一轮融资取得了重大进展，包括“苹果”出资 10 亿美元参与投资。2016 年 6 月 13 日，滴滴出行宣布获得中国人寿超过 6 亿美元的战略投资，其中包括 3 亿美元的股权投资及 20 亿元人民币的长期债券投资，并且双方未来还将围绕“互联网+金融”展开全方位的合作。2016 年 6 月 16 日，滴滴出行完成了新一轮 45 亿美元的股权融资，新的投资方包括“苹果”、中国人寿及蚂蚁金服等，以及腾讯、阿里巴巴、招商银行及软银等现有的投资人。

滴滴出行改变了传统的打车方式，建立、培养出大移动互联网时代下用户的现代化出行方式，是很有意义的分享经济。

大众参与

滴滴出行面对四大群体：第一类是用户，是滴滴产品服务的每一个人；第二类是司机群体，累计注册的司机将近 1500 万，这些司机来自各行各业，有全职也有兼职；第三类是滴滴平台和生态圈里

一起合作的商业实体；第四类是包括政府在内的整个社会环境。可谓全民总动员，老人、小孩也许不会使用，但也在与其他成年人一起享受滴滴的便捷与实惠。

资源高效配置

资源高效配置要从降低成本、提高效率、人工智能驱动三个方面来理解。

在滴滴出行出现之前，人们一般是自己要买一辆车，而现在是大家共用一辆车。甚至在 2015 年 10 月，滴滴上线了拼车功能，以前接一个乘客现在可以接两个乘客，而且首创了连环拼的现象，一个司机接了一个乘客之后，在行驶过程中还可以再接一个，放下一个乘客之后可以再接下一个。最近一年来无人驾驶很流行，无人驾驶从软件和硬件各方面来讲，又进一步降低了成本。

提高效率就意味着盘活剩余经济，社会资源被充分利用，闲置资源、闲暇时间、盈余技能都被重新赋予价值。

首先，滴滴出行匹配了用户和司机的需求，减少司机的空载并提高效率。

再次，滴滴出行平台创造了一个就业蓄水池，而且是反周期的蓄水池，即等单子完成后可以回去做本职的工作，并且一台车的整个生命周期都能被充分利用。

例如，以前一台车出行时大多只有一个人，现在拼车后能坐三四个人，把同路的人拼在一起，这样马路上车的数量就会减少。把三四十个同路的人拼在一起，那就是新一代的基于互联网分享经济的巴士，能更高效地解决出行问题。

人工智能驱动，一是大数据，在使用打车软件的同时，软件会记录乘客的打车起点和终点，然后汇总每一个人的信息，分析数据，总结出频率较高的起点和终点，可能会形成一种类似商业地图一样的东西。如果把城市当作一个平面，这些数据就是城市上面的一个个虚拟建筑，有高有低，出现频率越高的地方，虚拟建筑就越高。二是数据分析，可以分析乘客的消费行为及常用出行路线，预测哪个地方在哪个时段的打车需求量。

滴滴的人工智能驱动，基本可以掌握城市道路的利用效率与堵车节点，由此出发可以给市政建设部门提供数据支持，来改善交通，缓解堵车现象，提高城市道路使用率，甚至可以细化到给每一个消费者提供道路规划。

真正实现多赢

滴滴的用户观非常鲜明，不管是让乘客更直观地点击叫车，让定位更准确，还是让司机可以一次确认，都尽可能做得简单、直观、轻量、合乎逻辑与符合人的习惯。便捷是人们最大的要求，“我在哪里”“你在哪里”“你多久到我这里”“我如何到你那里”等，用最简便的方式在最短的时间内实现多重信息交互，使信息对称。并且滴滴还有安全保障机制，包括司机车辆准入审核机制、全程技术监控、先行垫付与保险等，总而言之，滴滴已经把人性与技术做到了充分的结合。

滴滴用“互联网+”的方式推动了交通出行的结构化、多样化、个性化的改变，改变了人们的出行方式；更以移动互联网为平台，把乘客海量化、个性化的出行需求与服务供给无缝、及时地连接起来；通过顺风车、拼车、连环拼，通过云智能引擎减少等待，提高运能，减少空驶，优化个人出行路线、优化时间……

从某种程度上而言，我们可以高度评价滴滴：

滴滴正在最大限度地节约能源，节约地面交通资源，提高单位道路使用的效能，并从根本上缓解城市交通拥堵的困境；

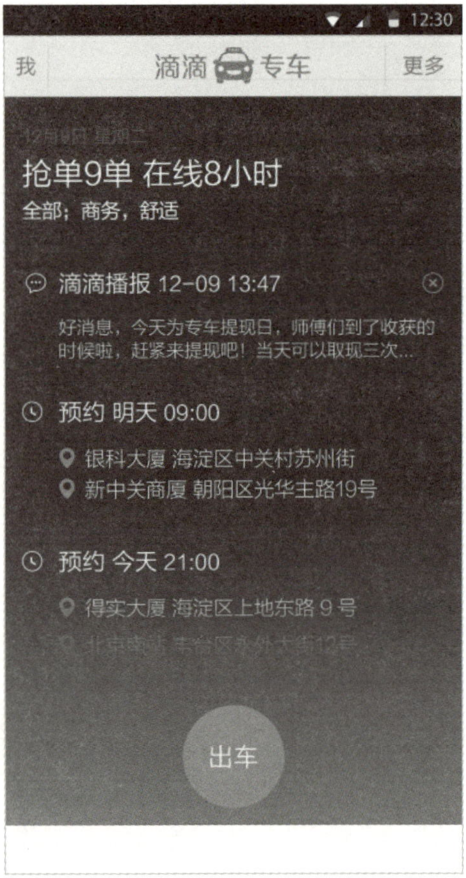

滴滴正在对传统行业进行升级改造，并为再就业提供蓄水池；

滴滴正在为政府管理方式的创新提供一些数据支持，为公车改革难题提供破解之策；

滴滴正在通过开放的平台，让大众各展其长，各取所需；

滴滴正在进行真正的多赢，节省资源，保护环境，使地球的生命都在延长……

分享经济模式下，滴滴怎能不成功。

总结与回顾

滴滴出行

真正实现多赢

1. 大众参与
2. 利用数据
3. 提高效率

MAKE MONEY

赚钱

PART 6 其他模式

名创优品

罗辑思维

WV梦幻之旅

在行

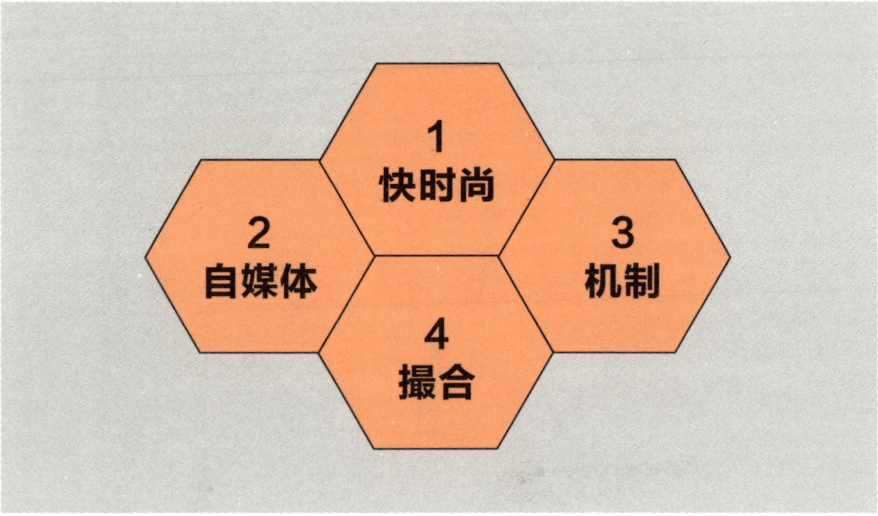
1
快时尚
2
自媒体
3
机制
4
撮合

商业模式是企业经营的根本，在商业模式中，又属盈利模式最为重要。现在这个时代是一个快速发展的时代，尤其是随着互联网、移动互联网的发展，企业与互联网的结合往往能够取得意想不到的效果。然而，并非所有的企业都能够与互联网结合，也不是所有的企业只要与互联网结合后就一定会成功。最重要的是，企业要有自己精准的定位，找到用户的痛点及最佳的解决方案。

企业在发展过程中，一定要找到适合自己发展的盈利模式而非商业模式。商业模式不是赚钱模式，其包含了产品模式、用户模式、推广模式及收入模式，而盈利模式则不同，其目的就是为了赚钱。所以，企业在发展时要确定能够给用户提供一个什么样的产品，给用户创造什么样的价值，在创造用户价值的过程中，实现产品的商业价值。

名创优品：

快时尚定制百货店

一支眉笔多少钱？

有这么一家店，一支眉笔卖 10 块钱一支。

从 2014 年到 2015 年一共卖了超过 1 亿支。

更厉害的是：这支眉笔与欧莱雅为同一个供应商。

10 元/支的眉笔，一年销售 10 亿元。那这家店的其他产品呢？2013 年，该店由中国广州财团引进，开始正式全面入驻中国。同年第四季度在华开店数量以惊人的速度递增，由 0 直接上升到 50 多家，每隔数天就有新店开张。2014 年开店数量达 373 家；2015 年上半年，开店数量已高达 722 家；2015 年下半年，全球已有 1100 家门店，在亚洲地区正式营业的店铺达 1000 多家，营收保底 50 亿元。

这家店实际就是一家百货店，名叫“MINISO 名创优品”，总部位于日本东京。

“MINISO 名创优品”，是日本快时尚设计师品牌，是一家每七天上一批炫酷新款、走低价新锐路线、定位快时尚休闲的百货连锁

机构。一直倡导优质生活理念，以“生活”和“家”为核心概念设计开发产品。品牌精神是“尊重消费者”，品牌主张在于“回归自然，还原产品本质”。

在过去的几年里，零售行业遭到淘宝、京东等互联网公司的致命冲击，从 2011 年起，关店风潮席卷各地。同时，店铺租金价格每年快速下滑，零售服务业亟待转型。名创优品被著名财经作家吴晓波称为“2015 年度最引人注目的逆势成长案例”，其迅速崛起值得借鉴。

10 元，进口

名创优品的产品丰富多样，以生活休闲百货为主，拥有创意家居、健康美容、潮流饰品、办公用品、文体礼品、季节性产品等八

大类超过 1 万种产品，涵盖生活所需的方方面面。

名创优品的产品特色是“优质、创意、低价”，“10 元” 和 “进口”是两个火爆的关键词，也是其高品质、低价格的表现。

名创优品大多数商品的售价都在 10~50 元之间。例如，眉笔 10 块钱一支相当便宜，更重要的是其与欧莱雅为同一个供应商，也就是说其质量可以媲美欧莱雅这个国际大牌，但价格只有国际大牌的 1/10。再例如，现在市面上的香水要么是国际大牌，价格成百上千，要么是没有品牌，品质无法保证。名创优品推出了一系列适合年轻人消费的香水，试图打造年轻人人生中的第一款香水，这样的香水在名创优品一般卖 29 元、49 元、99 元这样的价位，并且品质能够得以保证。

名创优品，已实现了优质与低价的相对结合。

简约无华

随着“80 后”“90 后”消费者的成长，越来越多的人开始关注自然生态和环境保护，不再盲目追求奢华和浪费，也不会一味追逐低廉和方便，个性化的消费需求也逐渐成形，更注重回归自然和还原产品本质。名创优品正逐步推行简约无华的理性消费观念，也更符合年轻人的消费需求。

名创优品秉承简约无华的消费理念，开始了产品革命，设立了全球首家“生活优品消费”实验室（SPLCL）。名创优品从设计到采购，均从简约设计出发，力图寻找最自然、最本质的产品原料，并与世界各地优秀的生产厂商形成

战略合作模式，注重设计原型、技术人员和品质监管，在根源上把关产品质量，让所有产品都符合消费者最实际的需求。

在陈列方面，名创优品也秉承简约的美学风格，并融合仓储式的陈列原则，将原本稀松的超市陈列改造成有条不紊的展览式陈列，既考虑到产品陈列的美观度，又照顾到产品陈列的饱满度。

名创优品更有专业的陈列手册，并为每个店铺配置专业的陈列导师。在铺货前，陈列导师会对店铺环境，包括商场周边环境、商圈内零售销售额、店面到车站的距离、顾客人数、物业承租者数量、区域消费者年龄层次及男女比例、商场的客流动向，以及周边是商区、居住区还是学区等细节进行考察和分析，制定最优的铺货方案，实现最理想的陈列方式。

名创优品从设计、采购、销售各方面，都一直在实现“回归自然，还原产品本质”的品质主张。

成本管控

一间名创优品店约有3000种商品，绝大部分商品都是从800多家中国工厂中直接订制采购。这些工厂几乎全部为外销企业，80%

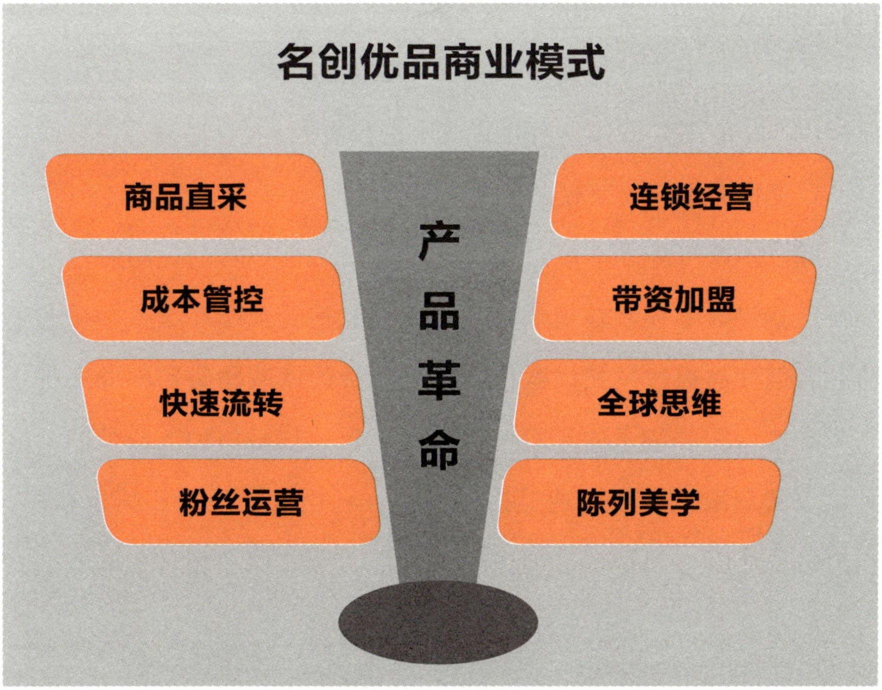

在珠江三角洲和长江三角洲。名创优品通过商品直采模式，能够保证产品成本价格上的优势。

名创优品从设计到采购，陆续与世界各地优秀的生产厂商进行战略合作模式，输出设计原型，控制了商品的设计核心力，从源头上做到把控产品成本。除了食品外，名创优品全部使用自己MINISO的品牌，由此掌握了商品的定价权。

名创优品投巨资开发了供应链管理体系，对所有商品的动销速度进行大数据管理，使得每周都有全新优质的产品上架，将商品流转时间缩短到21天，比起一般百货店的3~4个月，流转时间明显减少了几倍。名创优品更通过数据库和实地两方面的分析调研快速实现淘汰产品的下架操作，对存货成本进行有效控制,加强了资金使用效率，更将销售的效率提高了数倍。

再如，如何将成本控制与粉丝运营相结合？名创优品通过一个小技巧就将成本控制在最低，并且让顾客感受到贴心服务并快速吸粉。名创优品通过“扫描微信号即可免费赠送购物袋”的办法，让许多购物后需要袋子的年轻一代，只要扫一扫微信加入粉丝群，就可以免费获取购物袋。通过这一举动，名创优品快速积累了粉丝，在短短一年多时间里，名创优品微信订阅号的用户超过800万，成为一个超级大号，从而为互动营销创造了可能性。

全球思维

名创优品的幕后老板是3000家饰品店面“哎呀呀”的老板叶国富。叶国富虽为湖北人，但多次海外考察后，决定二次创业。因此，叶国富联合全球生活优品消费浪潮的发起者、日本设计师三宅顺也先生共同创办了名创优品。三宅顺也负责名创优品的设计和日本公司的运营，叶国富担任大中华区总裁，负责供应链整合与中国公司的运营。

名创优品自2013年入华以来，短时间内相继在广州、深圳、沈阳、威海、东莞等各线城市快速发展，并以每月20~30家门店开业的速度持续发展，成功打开了中国市场的大门。名创优品的快速发展已成为规模之势，规模渠道效应更加速提升了品牌效应。

事实上，名创优品的加盟要求合作者投资加盟。由投资人租下并装修店铺，由名创优品进行统一的配货销售管理，投资人参与营业额分成。这样的带资加盟模式，大大提高了其开店速度。

名创优品更是直接对接全球进行采购。例如，目前中国市场在售的产品，有20%来源于国外采购。同时，名创优品的店铺不仅在国内迅速扩张，更逐步走向国际化，实现从东京、中国香港、新加坡和迪拜逐渐走向全球。名创优品计划到2020年开6000家店，其中一半在海外，营收破600亿元。

如今，名创优品已被无印良品、优衣库、屈臣氏列为“全球最可怕的竞争对手”。

总结与回顾

名创优品

用快时尚定制百货店

1. 进口商品，10元起
2. 简约无华
3. 成本管控
4. 全球思维

罗辑思维:

自媒体大爆炸

近几年，自媒体拥有强大的变现能力，不断受到投资人的青睐，目前是一个自媒体大爆炸的时代。《南方都市报》记者采访获悉，自媒体联盟WeMedia的天使投资人、金种子基金合伙人雷中辉认为，自

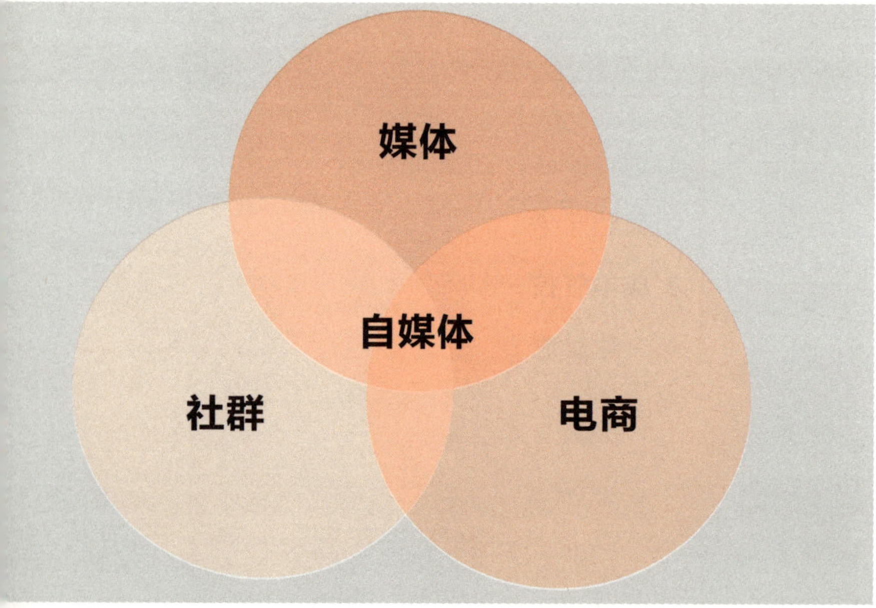

媒体高估值的直接原因是其变现模式清晰，即“媒体+社群+电商”[①]。

目前的自媒体公司，分为四种模型。

第一种，产业链自建媒体性，如SOHO中国董事长潘石屹，通过电视台作秀、出书、发博客、发微博等制造媒体性。

第二种，媒体性衍生产业链，如李开复老师不断制造注意力成为中国社会特别有趣的人，形成自身的媒体性。

第三种，电视名人，如于丹、芙蓉姐姐等，自身就具有媒体性。

第四种，暂时还没有找到变现方式的自媒体，例如罗辑思维、最近很火的papi酱。

罗辑思维

选择罗辑思维作为案例，一是它仍然是目前影响力较大的互联网知识社群；二是罗辑思维虽然商业模式未确定在等“包养”，但其收入来源已非常可观；三是罗辑思维曾创造了史上最无理的付费会员活动；四是罗辑思维已经开始与最火的papi酱产生了链接。即2016年3月，与真格基金、光源资本和星图资本联合注资1200万元投资papi酱，用于拍卖papi酱视频的贴片广告，并由罗辑思维全

① 摘自南方都市报，记者鲁浩，《估值翻13倍 资本看好罗辑思维变现能力》。

程策划监制。

罗辑思维是罗振宇基于对媒体业未来发展趋势的判断而进行的一次先锋试验，主要服务于“80后”“90后”有“爱智求真”强烈需求的群体，帮助他们在知识中寻找独立的见识，在知识中寻找思维的乐趣。罗辑思维的口号是“有种、有趣、有料”，秉承“死磕自己，愉悦大家”的理念，将“有种、有趣、有料”的各种段子融入话题内，成为你的书童，为你读书。

2012年12月21日，罗辑思维第一期视频上线，此后每周更新一期。当日，同名微信公众账号开通运营，账号每天早上6：30准时推送一段罗振宇本人的60秒语音，分享其生活感悟，同时推送一篇本人推荐的知性文章。

罗辑思维在上线的半年时间里，节目点击量和微信关注数就呈现出高速增长的态势，一跃成为受众和媒体关注的现象级产品，成为国内微信营销的典范。

粉丝社群

现有产品包括：（1）罗振宇创作的网络视频脱口秀（视频及音频产品等），目前罗辑思维视频节目播放量超过 2.9 亿人次；（2）同

名微信公众账号，微信订阅号的用户也已突破530万人;（3）知识型社群，拥有几万名付费用户;（4）罗辑思维节目本身推出书籍和文章，已经推出《罗辑思维1》和《罗辑思维2》两本;（5）微商城、百度贴吧、微信群等互动形式。

目前，罗辑思维已拥有560万微信公众账号粉丝和几万名付费会员。罗辑思维用三年的努力，让公司估值13.2亿元。

研究自媒体公司罗辑思维，必须先了解其创始人、资深媒体人罗振宇的背景及罗振宇如何打造“魅力人格体”。

罗振宇，自媒体视频脱口秀“罗辑思维”的主讲人、互联网知识型社群的试水者、资深媒体人和传播专家、中国式市场传播理论的倡导者、敏锐的互联网时代观察者和媒体创新实践者。他是1990级华中科技大学新闻系本科生、1994级北京广播学院（现中国传媒大学）电视系硕士生、2004级中国传媒大学博士生，可见他是个爱读书、会读书的人。

罗振宇曾是资深电视人，是中央电视台《对话》《中国房产报道》《商务电视》《经济与法》等栏目的前制片人。2008年从中央电视台辞职，成为自由职业者。曾担任《决战商场》《中国经营者》《领航客》等电视节目的主持人；第一财经频道的总策划；腾讯、京东商城等一线互联网公司品牌的总顾问，对企业营销、公关、品牌等

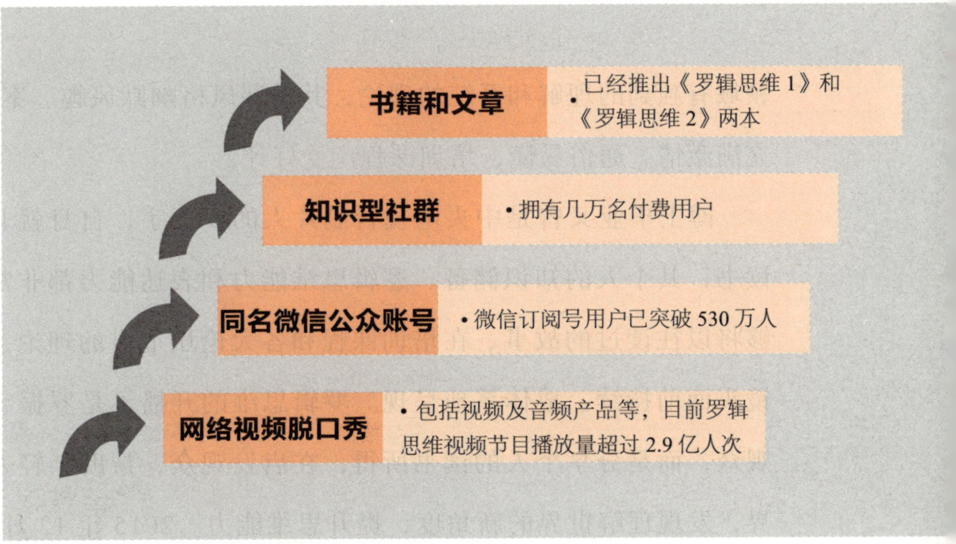

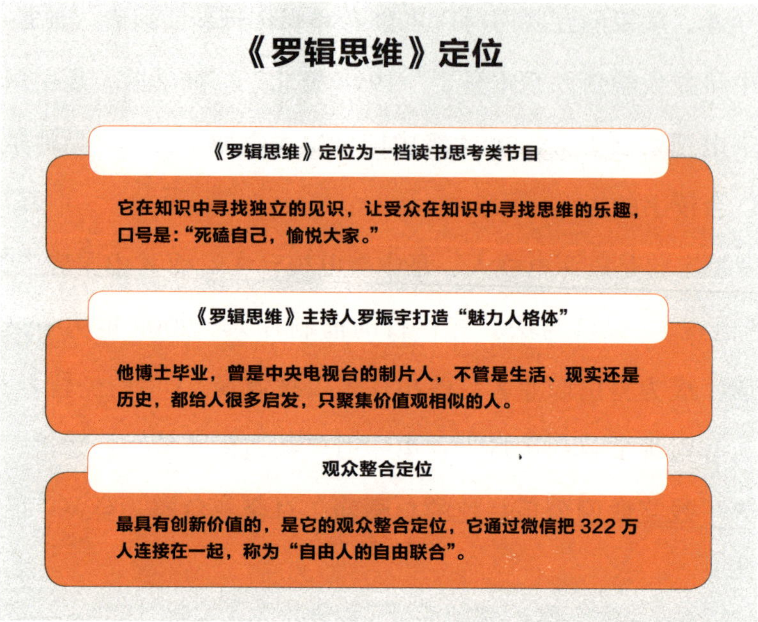

领域有独到的理解和系统的理论，其授课风格幽默风趣、案例丰富、充满激情、通俗易懂，培训课程广受好评。

博士毕业又曾是中央电视台制片人的罗振宇，自身就非常喜欢读书，其个人的知识储备、逻辑思维能力和表达能力都非常好，能够将以往读过的故事、在培训课程和各大论坛上讲的理论，重新在镜头面前持续、成体系地呈现。罗辑思维的开播不是罗振宇在迎合观众，而是分享个人的读书所得，在启发观众，帮助年轻人开阔眼界，发现理解世界的新角度，提升思维能力。2015 年 12 月 31 日晚

20：30，罗振宇在北京水立方召开一场名为“时间的朋友”的跨年演讲，并表示此项事业要做20年。

罗辑思维的粉丝们欣赏罗振宇丰满的知识品质，喜欢他独特的个人语言表达风格，信任罗振宇，相信他的鉴别力、欣赏水平，感谢他启发粉丝对生活的感知和思考。罗辑思维聚集了一批价值观相似的人群，实际上罗辑思维已经成为一个以魅力人格体为支撑的社群。

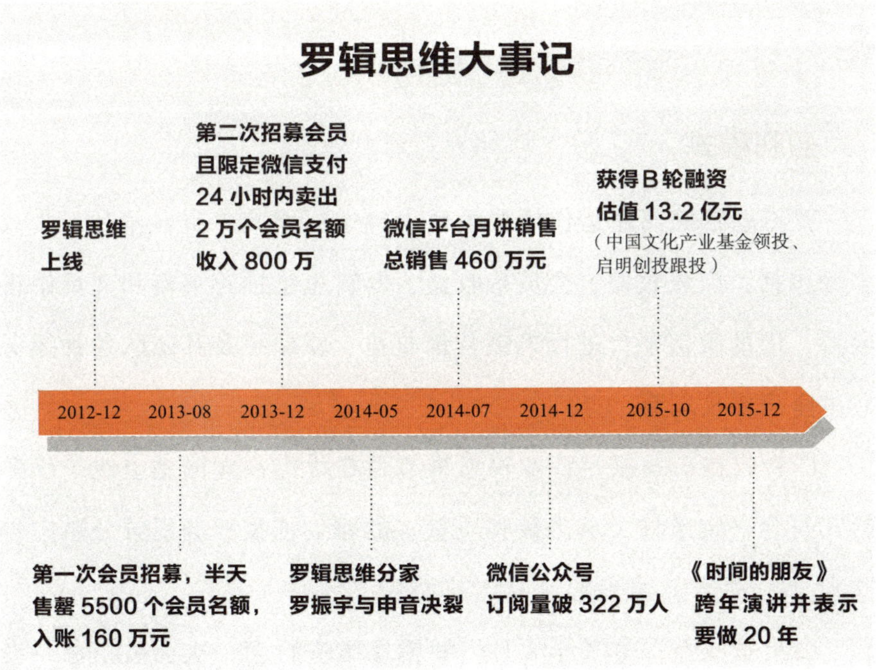

赛斯·高汀认为:“社会是由人组成的，人依附于各种组织。”一群人要形成社群，只需要两个条件：共同的兴趣和沟通方式。罗辑思维通过微信把322万人连接在一起，并为粉丝们建立了一个整合的平台，称为“自由人的自由联合”。会员们自己建立组织，以福利的形式让有相同价值观的人能够互相找到彼此，并可以随意合作，产生“想象不到”的价值：交朋友、谈恋爱、结婚、创业、成为社群等等。再比如，许多会员想去哪儿旅游就做一个行动召集，如果有企业愿意赞助出钱，就可以给企业冠名，此活动分分钟就筹集起来了。

盈利模式

罗辑思维的商业运作模式虽暂未确定，但其一直在盈利，收入来源包括：广告收益、会员费收益、罗辑思维推荐书籍和文具销售收益、借助微信平台进行饥饿营销收益、罗振宇及其团队各种授课和讲座门票收入等。

广告收益：罗振宇将罗辑思维节目在优酷视频网站上线，优酷给其符合一定条件（点击量和质量）的原创或授权的视频分享广告收入。

会员费收益：2013年8月，罗辑思维进行第一次会员招募，没

《罗辑思维》商业思维模式

传统媒体人的内容积淀＋互联网新媒体的渠道优势＝罗辑思维的成功

1. 罗振宇一直强调《罗辑思维》的商业思维模式就是互联网思维，节目从头到尾都是罗振宇对着镜头在说。
2. 在《罗辑思维》的微信公众群里，罗振宇早上都会发 60 秒钟的语音。
3. 节目的选题是按照互联网思维来操作的，关注网络动态，挑选观众最感兴趣的话题，在微信《日课》里公布选题过程和难度，让观众完全开放和透明地接近主持人和节目。

有任何承诺，就因为观众愿意为了融入一个社群而支付会员费，被称为“史上最无理”的付费会员制，半天时间售罄 5500 个会员名额，入账 160 万元。2013 年 12 月，罗辑思维进行第二次会员招募且限定微信支付，24 小时内就卖出 2 万个会员名额，收入 800 万元。2013 年的两次会员招募活动就取得了 960 万元的收入。

罗辑思维推荐书籍和文具销售收益：罗辑思维每期都会推荐很多好书，也会对绝版书籍推出定制版，价格虽比亚马逊、当当、京

东等网站贵，但销售却很好。并且，罗振宇将每天做的日课经过策划包装，推出精美实用的《日课》春夏秋冬四本；罗辑思维每一期节目的文章经过整理汇编，就可以出版发行相关书籍。例如，《罗辑思维 1》和《罗辑思维 2》，销售都很火爆。

借助微信平台，饥饿营销：2014 年 7 月，罗辑思维在微信平台上进行月饼销售。用户既可以自己掏钱买，也可以找别人帮他买，一盒 199 元。最后完成订单数 20271 笔，总销量 23214 盒，共销售 460 万元。

同时，罗辑思维不断利用商品或者服务促销，在微信上回馈会员，例如：TCL 量子电视、海尔冰箱、柳传志的猕猴桃等都曾通过罗辑思维的微信平台进行促销，来扩大影响力，有相应需求或者合作的会员也可以从中得到优惠。

罗振宇及其团队各种授课、讲座门票收益：罗辑思维团队成员经常会被邀请到各地授课，分享其商业思维和商业运营模式等。例如，罗振宇互联网讲座的出场费直线飙升，现在按小时计算可以达到6位数。

可见，罗辑思维由一款互联网视频产品——网络视频脱口秀《罗辑思维》上线起家。媒体内容一直是导流的重要手段，通过阅读、获取知识，组建了读书人的社群，逐渐发展为中国互联网领域最先锋的高端社群。社群互动，发展社群电商、预售电商，就能真正实现社群的变现能力。这就是罗辑思维的成功。

总结与回顾

罗辑思维

自媒体大爆炸

1. 媒体+社群+电商
2. 粉丝养活：不卖权利，只卖认可
3. “求包养型”

WV梦幻之旅：

通过“机制”赚钱

2013年中国政府首次提出，旅游业为国民经济发展的支柱产业，旅游业是国与国之间的战略合作平台。此外，联合国世界旅游组织也发表声明说，2012年中国境外旅游消费达到1020亿美元，成为世界第一大国际旅游消费国。国际社会普遍认为，中国旅游业崛起将拉动世界经济的增长。旅游行业的市场空间很大，值得关注。

如果说Facebook改变了人们的沟通方式，淘宝改变了人们的购

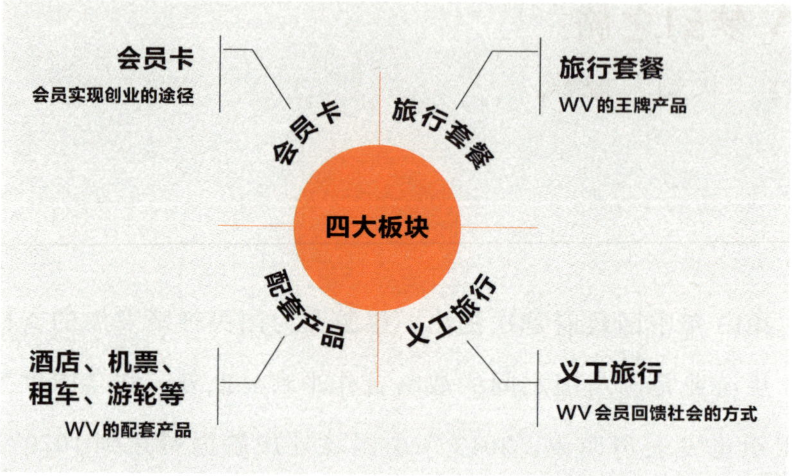

物方式，Uber改变了人们的交通方式，那么，有什么在改变人们的旅游方式呢？

“WV梦幻之旅”，即World Ventures（简称WV），是一家全球最大的旅游服务网站。2005年在美国得州达拉斯（Dallas）创立，第一年营业额已超过1500万美元，第二年超过5000万美元（320%增长），到2013年时已经超过1.43亿美元。拥有3.8万平方英尺的办公面积，是美国5000家超速成长企业之一。2012年世界100强直销公司排名第75名，年收入3亿美元。2014年直销公司奖金制度排名第6名，属于无负债直销公司。

“WV梦幻之旅”正在改变人们的旅游和生活方式。WV业务包含帮会员在机票、住宿、租车、邮轮、运动赛事等旅游活动上节省金钱，并提供优质的旅游行程，向全世界的会员提供低价但优质的梦幻之旅（Dream Trips），会员还可以享受 4~5 星级的旅游套餐，并且只需要付 2~3 星级的价钱。

旅游电商

简单来说，WV 就是顺应互联网潮流，把地面上的旅行社搬到互联网上，将旅游电商和网上旅游会籍相结合，就像携程网、去哪儿网一样，并且价格都是团购的低价，还整合了全球优质旅游资源，包括航空公司、酒店、邮轮、租车、景点等进行一条龙服务。

WV 又与携程网、去哪儿网不同。首先，WV 拥有强大的查询订购引擎，此为 WV 拥有的独步全球的专利技术。当会员订购机票或酒店时，公司的专利技术“目标行情跟踪系统”就会启动，主动持续搜寻是否有更低的价格，并自动换到最便宜的票价，再把省下的钱退还给会员,有底价保证、差价赔偿。再次，WV 会员既可以是消费者，又可以是经营者。

加入“WV 梦幻之旅”，只需缴纳 360.97 美元的会员费（指黄金会员），同时公司赠送 250 美元的旅游积分；之后每个月只需缴纳 60.97 美元的活动费，同时公司赠送 50 美元的旅游积分，就可以享受俱乐部提供的所有优质服务及旅游套餐。

WV会员福利包括六项：送、赔、退、存、省、转。

送：凡在ROVIA网站[①]购买机票都将获得免费的价值20万美元的航空保险。

赔：所有客户都可以享受ROVIA的最低价格保证，凡是订购了机票或宾馆，若是在当天发现同样的机票或旅馆在别家更便宜，公司将会退还差额1.5倍的旅游币。

退：公司每天会自动观察所购买的机票或旅馆价格。如果发现价格降低，机器人将自动改票，并把差额退还到会员的信用卡里。

存：会员每月在给自己存旅游积分，相当于定期存款作为旅游基金，如果成为经营型的消费者，不用存钱也可获得旅游基金。

省：会员可以享受4~5星级的旅游套餐，并且只需要付2~3星级的价钱。

赚：会员通过积极推荐其他会员，借助网络倍增学的原理，便可赚取丰厚奖金。

① WV公司收购了美国排名前5名的旅游电子商务公司Rovia公司，Rovia公司拥有超过29年的旅游业经验，在2011年超越了全球著名旅游网站TripAdvisor.com，赢取旅游业著名的麦哲伦奖第一名（Magellan Awards，艺术界的奥斯卡，学术界的诺贝尔），现在已连续三年卫冕。

下面这个图表，会更直观地显示WV会员将享受的不同于传统旅行社的低价而高品质的旅游服务。

	传统旅行社	WV梦幻之旅会员
吃	十人一桌，八菜一汤	欢迎晚宴，自助餐
住	快捷酒店，普通旅馆	当地4~5星级
行	走马观花，6~7点起床	深度游，自由行（可脱团）
游	必须服从航班	机票自由预订
购	商场购物	纯度假，购物自由
娱	3~8个项目需自费（强制）	无自费（除自由行）

WV通过会员模式锁定庞大体量的客户群体后，就可以进一步实现二次旅游和旅游周边产品的消费和持续消费。WV目前的主要产品为：会籍卡、旅行套餐、酒店、机票、租车、游轮等配套产品、义工旅行等。

金融+平台

实际上，WV并不像传统企业靠旅游产品、导游服务等来盈利，其主要依靠现金流及平台价值盈利。体现在：

投资性现金流：每个会员在入会时都缴纳了几百美元的会籍费，

WV发展的核心价值

十大优势

- 旅游业蓝海
- 整合全球优质旅游资源
- 强大的查询订购引擎
- 底价保证、差价赔偿
- 成本低、风险小
- 兼容性强大
- 收益可观、可传承
- 真正的不销而销
- 电子商务且国际化事业
- 亚洲先机且需求量大，属于趋势性项目

目前公司有接近100万的全球会员，每个月部分会员都会缴纳月费。这些现金都会在公司存放1个月到1年之久，而且每个月的月费也有一年的封闭期。

经营性现金流：机票、酒店及旅游套餐均需要提前预订，因此有大量资金在公司。

融资性现金流：WV的第三方支付平台是苏格兰皇家银行，其所有资金均由皇家银行做财富管理。

平台价值：WV就是线上购买线下消费，互联网的核心价值是数据与流量，只有让会员旅游时更加满意，才能不断锁定终端客户。

“WV旅游”就是WV获取数据与现金流的一个重要载体，是为了牢固锁定终端客户。因此，醉翁之意不在酒。WV完全颠覆了传统旅游的运营模式。

WV为什么是大生意？

因为WV涵盖了当今最赚钱的四个行业

旅游 + **电子商务** + **直销** + **金融**

直销奖金制度

WV发展的关键就在于更多的会员加入，保证有更多的现金流、数据与流量。奖金制度是激励会员不断推荐新会员的动力源泉，详细的奖金制度如下[①]：

推荐4位月费免费：若是推荐黄金会员，累计推荐4个黄金或者白金会员，免交月费。若是推荐白金会员，累计推荐4位白金会员，免交月费。

推荐奖：推荐一个黄金会员，赠送100美元旅游积分；推荐一个白金会员,奖励50美元，赠送200美元旅游积分。

快速推荐奖金：在28天之内，推荐3个会员（黄金、白金都算），公司奖励100美元；再推荐3个，再奖励150美元（以3的倍数计算，每增加3人，奖励150美元）。举例：28天推荐9人,奖金即为400美元。

对碰奖金：市场左右区达到左3人右3人的时候，奖励100美元（如果在8周内达到，奖励200美元）。

被动收入：当市场达到左30人右30人（即SR级别，公司的业务代表）的时候就可以开始获得被动收入奖。下面以白金会员为例来说明这个问题。

---

①数据截至2015年1月30日。

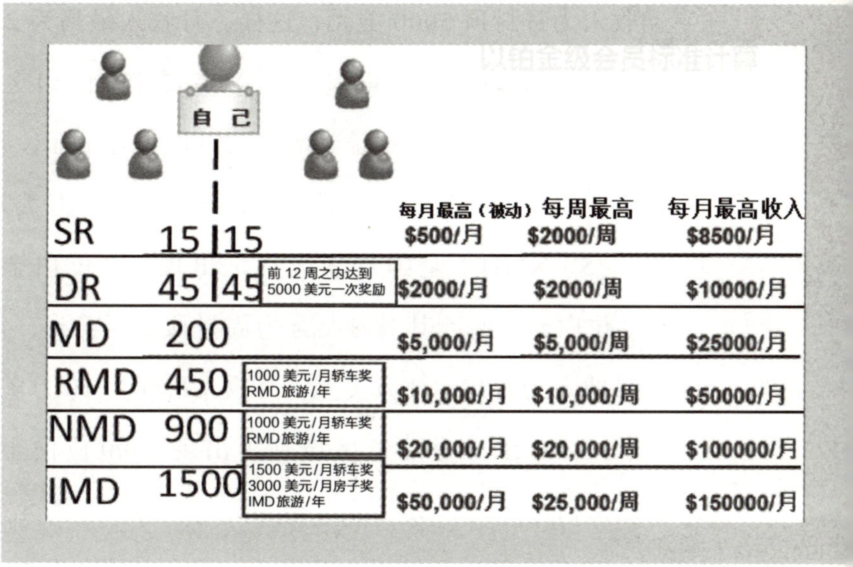

（1）SR（高级代表级别）出现 15 左：15 右的时候，其对碰奖金为周封顶 2000 美元，月封顶 8000 美元，被动收入为月封顶 500 美元，这样，月收入最高为 8500 美元。

（2）DR（董事级别）出现 45 左：45 右时，加上直属家族线超过 70 位以上的白金会员，其对碰奖金为周封顶 2000 美元，月封顶 8000 美元，被动收入为月封顶 2000 美元，这样，月收入最高为 1 万美元。

（3）MD（营销董事级别）出现 200 位白金会员（1 组最多 100 位白金）时，其对碰奖金为周封顶 5000 美元，月封顶 2 万美元，被动收入为月封顶 5000 美元，这样，月收入最高为 2.5 万美元。

（4）RMD（区域董事级别）出现 450 位白金会员（1 组最多 150 位白金）时，其对碰奖金为周封顶 1 万美元，月封顶 4 万美元，被动收入为月封顶 1 万美元，月收入最高为 5 万美元。

（5）NMD（全国董事级别）出现 900 位白金会员（1 组最多 300 位白金）时，其对碰奖金为周封顶 2 万美元，月封顶 8 万美元，被动收入为月封顶 2 万美元，月收入最高为 10 万美元。

（6）IMD（全球董事级别）出现 1500 位白金会员（1 组最多 500 位白金）时，其对碰奖金为周封顶 2.5 万美元，月封顶 10 万美元，被动收入为月封顶 5 万美元，月收入最高为 15 万美元。

轮子奖：推荐 5~6 个会员（每月 1~31 日结算），若团队新增 13 人（每队最多 3 人），达到 3000 美元（交月费也算）时，公司奖励 300 美元；若团队新增 21 人（每队最多 5 人），达到 5000 美元（交月费也算）时，公司奖励 400 美元；若团队新增 48 人（每队最多 8 人），达到 11250 美元时，公司奖励 900 美元。

福利奖：当完成RMD以后，每月奖励 1000 美元的车奖补贴，每年免费参加一次全球旅行；当完成NMD以后，每月奖励 1000 美元的车奖补贴，每年免费参加一次全球旅行；当完成IMD以后，每月奖励 1500 美元的车奖补贴，每年免费参加一次全球旅行，还有

3000美元的房子补贴。

快速奖：在12周内，达到左90人右90人时，公司再赠送5000美元。

免费旅游奖：每推荐6个会员可以对碰一次，有一个对碰奖可以转成旅游币，旅游币可以用来订机票、订酒店、订旅游套餐。（从第1个对碰开始，电脑自动计算，每6个对碰就有一个对碰奖可以转成旅游币，例如：第6、12、18，如此类推，所以会员对碰收入越多，旅游币必然就会越多，就可以享受免费旅游。）

送商务中心：当会员任何一个月的收入达到2.5万美元的时候，公司会赠送1个账号，相当于完成了一半的市场。小区产生3单就有一个对碰，当第2个账号也完成IMD的时候，公司又会赠送1个账号，送到无限，所以只要努力，可以累计无限的市场和财富。

上述奖金制度，是通过研究后展现的，有可能不是最准确的。

WV的直销奖金制度，使会员的收益相当可观，每月最高可赚取15万美元，而且会员可以把会员ID号转到子女的身上使用，相当于可以传承。这样的奖金制度，对人没有行业限制，无论是政府官员、大学教授、企业老板，还是直销领袖、职场人士、大学生，都可以参与从而增加额外财富。

实际上，WV的会员相当于保持原有的旅游消费习惯（航空公司、酒店、旅游地点不变）的同时，换个渠道消费，花低价享受更超值、更高级别的服务，还能拥有返利和佣金，从以往单纯的消费者转换为投资者。更可以实现边玩边赚钱，没有地域限制，世界各地都是办公室。

这样复杂且细致的具有极大激励作用的直销奖金制度模式，能吸引会员快速加入，从赚钱的角度而言确实值得学习。

总结与回顾

WV梦幻之旅

边玩边赚钱

1. 旅游电商
2. 金融+平台
3. 直销奖金制度

在行：

咨询行业的转型

互联网的发展，让我们和各行业的“大牛”越来越近，也让更多牛人大咖通过微博和知乎等媒体从人群中脱颖而出。微博、知乎等媒体上虽然经常有“大牛”传播知识，但用户和崇拜的牛人之间的交流是不对等也不流畅的。在金钱至上的今天，如果花钱就可以买到和“牛人”面对面沟通的机会，会有很多用户愿意为此买单以获取更多的经验。

在行，就是一个付费制一对一经验交谈的平台。当你遇到任何领域的问题时，都可以找到相应领域的一个合适的行家，只要付一定的费用，学员就可以获得与心仪的行家线下一对一约见的机会，让行家为你答疑解惑，出谋划策。

在行于2015年4月22日正式上线运营，三个月的时间完成了Pre–A轮融资；开通整一年后，获得CCTV《朝闻天下》、台湾中天电视台《中天新闻》的专题报道，荣获《快公司》“2015年度中国最佳创新公司TOP50”。目前，在行已在以下9个城市相继开通运

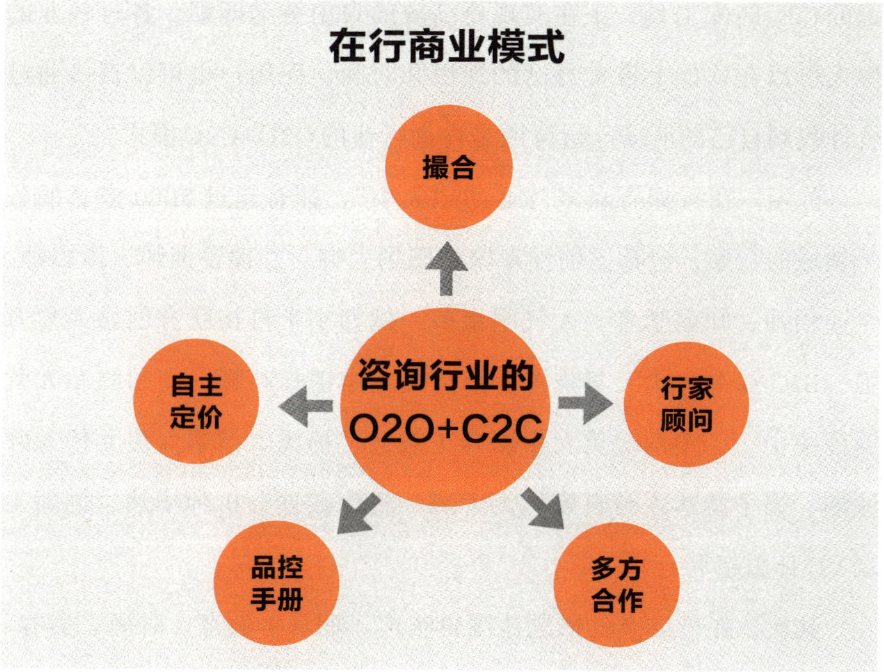

营：北京、上海、深圳、杭州、广州、成都、西安、武汉和宁波。

自从上线至今，已经有一百多家类似在行这种经验交谈平台的项目了。在行的发展已成为了众多项目发展的参照物。

咨询行业的O2O+C2C

在行是一个O2O经验咨询平台，是在线教育的一种表现形式，是一种大众已经熟知的“泛知识”获取方式。在行更是一个人力资源的C2C匹配工具，正在实现更高效的自由劳动匹配，各行各业的牛人可以在软件上售卖自己的知识和时间，而用户也可以直接通过软件找到自己的所需。这可谓是咨询行业的O2O+C2C模式。

首先，在行拥有众多行业的“大牛”，拥有超过8000多名的各个领域的行家，包括了创投专家、职场大咖、心理咨询师、摄影师、企业领袖、知名学者、人气明星……例如小米科技联合创始人黎万强、IDG资本合伙人李骁军、今日美术馆馆长高鹏、高圆圆私人营养师顾中一、中国最美女摄影师王馨艺、杨氏太极第六代女传人叶泳湘、亲子游达人与自媒体人尹璐、资深数据分析师毕然、创新工场VC孙志超等。

其次，在行涉及的话题范围也很广。职场、教育、时尚、美容、创业、职业、技术等话题都可以咨询，甚至一些疑难问题都能找到牛人解答。例如，“怎么做后台数据统计”“怎么用Excel画出更好的图表”等话题。

最后，在行的操作也非常简单方便，即通过线上预约，实现线下服务。

对于有需求的用户，当用户有困惑、问题时，可以在在行上面找一位符合自己要求的专家，然后申请沟通，在线支付后就可以约定见面等事宜，然后行家会请有需求的用户喝咖啡，“一对一”交流心得。

对于有一技之长的用户，可以在在行上面申请成为专家，注册后只需填写一份表格，相关工作人员就会在两个工作日内进行联系。申请成为行家之后，可以选择跟大家聊天，将知识和经验转换成真金白银；也可以通过在行，将交谈收入定期捐助给公益机构；或者是通过学员的线上评价、分享和线下的口口相传，提升个人品牌。大部分行家的申请质量都很高，自主申请占到四分之三，只有一小部分行家是通过定向邀请而来的。

通过在行约见交流后，行家会给出最优化的方案，用户可以得到包括答疑解惑、出谋划策、解决问题等相关答案，解决个性需求。

目前，在行开通了远程语音服务，全国用户均可通过远程通话进行交谈，又开通了小班组团课等更多丰富的约见方式。

行家优先

在行可以让行家头脑中的优质经验与丰富信息发挥更大的价值，行家可以与大众共享自己盈余的智慧与时间，售卖自己的经验和知识，并享受帮助他人解决问题的快感。“大牛”行家们在身份上越来越自由，个人品牌意识也越来越觉醒，希望把自己的部分空余时间变现，更希望通过自己的力量改变更多需求用户的工作与生活。因此，行家是知识的传授者。

在行平台，在行家和学员两个不同群体中选择了行家优先。也就是说，在行的产品设计中，会先照顾行家的感受，这样行家才会安心留在平台上为学员服务。例如，现实中，我们需要请人帮忙的时候，需要看对方什么时候、在哪里会方便一些。因此，在行也做了约定，当一个学员要线下约行家的时候，应由行家来选择见面的时间和地点。

行家更可以对其售卖知识和经验的行为自主定价，这是在行家的心理范畴之内逐渐调整最后稳定而形成的。一般来说，最开始的三单，在行会建议行家适当放低价格，根据约见数量、自己的空余时间等，逐渐涨到一个令自己满意的价位。“大牛”的价格每小时200~500元不等，平均客单价是370元。甚至《社交红利》《即时引爆》的作者徐志斌，邀约其分享“如何引爆微信等社交网络”这个话题，用户约见的价格已经达到3000元/小时。

行家有了初步表现之后，在行团队会为专家拍摄专业照片、撰写个人故事，在更多媒体上传播其个人品牌。为此，在行专门成立了一个行家顾问团队，配置了全职摄影师，由两位前媒体高管（一位《南都周刊》副主编、一位《外滩画报》的副主编）负责。行家顾问相当于“知识的买手”和“经验的经纪人”，一方面要负责对行家进行包装，另一方面还需要帮助行家挑选行业与话题，保证行家能够提供针对性的服务。

在行也为专家、行家、“大牛”们提供“行家帮助手册”。“行家帮助手册”相当于一本“在行品控手册”，其作用是对行家的资质进行审核，以及成为行家的行为规范，用一套完整的规定和流程设置，严格审核入驻行家的质量。对于能开设远程的行家，在行会为远程行家们开设微信交流群，让行家们能快速了解远程的差异，掌握要领。这些标准化的流程可以帮助在行控制每一次“一对一”的咨询服务。

共享经济

在行的用户和专家的身份也是流动的，因为在一个场景中某人是行家，而在另一个场景中，这个人有可能就成了学员，这样的身份和角色的互换与流动，更接近生活中原有的交流场景。在行正在用分享经济的理念让每个人的知识技能各尽所能。

当在行发展得比较成熟时，行家分布会形成一个金字塔，底层会存在大量的兼职行家，中间有一部分专职行家，还有一部分顶尖的牛人。到时候，在行像一个交易知识、经验、技能的“淘宝”，会体现哪个行家或学员在附近、体现行家见过多少学员、学员见过多少行家等信息。在搜索排序中，也会对行家的响应速度、活跃程度、

好评程度等进行综合排序，对学员的学习成效、活跃程度等进行综合排序。

多方合作也有利于在行共享经济的发展。例如，在行陆续与北京 16 家雕刻时光咖啡馆和 3 家单项空间合作，为“牛人”与用户的双方约见提供预约留座等贴心服务。

经过一段时间的发展，在行的话题定位更多是互联网相关领域。因为互联网领域的人群喜欢尝试新事物，有学习的动力。互联网话题又是近几年比较流行火热的话题，该领域又将吸引更多的行家和学员加入在行。

在行，正通过共享经济的方式，让每个普通人拥有自己的私人智库，这是未来发展的趋势，但是如何提升规模效应则是在行需要进一步思考的问题。

总结与回顾

在行

牛人一对一辅导

1. 咨询行业的O2O+C2C
2. 行家优先
3. 共享经济

后记

关键点总结

本文的案例选择，涉及了餐饮业、旅游业、农业、汽车行业、专车服务行业、零售行业、家装行业、洗衣行业、法律行业、图书行业、美甲美发行业、咨询行业、自媒体等多个行业。我们对传统行业进行深耕挖掘，同时又分析了新兴行业的创业创新，更研究了传统行业的自我变革。

当下，一提及“赚钱”二字，大部分人的第一反应就是与互联网相关。然而通过上述案例的分析，我们可以清楚地认识到，有些企业的发展适合互联网，有些并非完全适合。更重要的还是精准定位及找到用户痛点，提出合理的解决方案。而在解决方案中，也许需要靠价值创新取胜，也许靠服务提升、客户体验取胜，也许是靠信息网络，即互联网的发展与创新取胜。

因此，当你想赚钱的时候，不妨读一读这本书，借此抛砖引玉，给予你更多的借鉴。

最后，总结一下本书的主要内容：

一、价值创新

产品——太二——匠人的极致

创意——roseonly——创意无极限

定价——外婆家——好吃不贵

效率——爱空间——品质加速度

二、客户体验

互动——辣妈帮——女性社群的力量

服务——e袋洗——省钱省事来一袋

数据——小微律政——O2O自营法律服务的探路者

个性——流行美——一次购买，终身免费服务

三、圈层营销

诚品书店——成功源于族群共享

峰人院——家居人的自由联合体

四、信息网络

O2O——河狸家—— 解放天下手艺人

B2B——一亩田——专业信息商务平台

C2C——瓜子二手车直卖网——无中间商赚差价

B2C——神州专车——服务赢未来

五、分享经济

分享——Airbnb——租住业的创新

参与——滴滴出行——实现多赢

六、其他模式

快时尚——名创优品——用快时尚定制百货店

自媒体——罗辑思维——自媒体大爆炸

机制——WV梦幻之旅——边玩边挣钱

撮合——在行——牛人一对一辅导